DAS GLÜCK BAUEN – DIE WELT VERÄNDERN

CHRISTOPH EHMANN

DAS GLÜCK BAUEN – DIE WELT VERÄNDERN

DIE STADTPLANER UND ARCHITEKTEN BRUNO TAUT UND MARTIN WAGNER

DIETZ

Bibliografische Information der Deutschen Nationalbibliothek

Die Deutsche Nationalbibliothek verzeichnet
diese Publikation in der Deutschen Nationalbibliografie;
detaillierte bibliografische Daten sind im Internet
über *http://dnb.dnb.de* abrufbar.

ISBN 978-3-8012-0626-0

Umschlag: Ralf Schnarrenberger, Hamburg
Umschlagfoto: Ben Buschfeld, Berlin
Satz: Jens Marquardt, Bonn
Druck und Verarbeitung: CPI books, Leck

Printed in Germany 2021

Besuchen Sie uns im Internet: *www.dietz-verlag.de*

ÜB' IMMER TAUT UND MAYLICHKEIT
BIS AN DEIN KÜHLES GRAB
UND WEICHE KEINEN FINGERBREIT
VON BAURAT WAGNER AB.

Inhalt

1 Ein glückliches Zusammentreffen

Über Bruno Taut gibt es viel, über Martin Wagner wenig Gedrucktes. Bedeutendes und noch heute Bewundernswertes haben sie gemeinsam geschaffen. Über diese politisch und praktisch ergebnisreiche Zusammenarbeit über nahezu anderthalb Jahrzehnte aber gibt es nur ein paar Randbemerkungen. Deshalb entstand dieses Buch über zwei, die sich getroffen und während ihrer gemeinsamen Arbeit Weltkultur geschaffen haben.

Martin Wagner lebte von 1885 bis 1957, Bruno Taut von 1880 bis 1938. Geboren wurden beide in Königsberg. Sie trafen sich 1919 in Berlin und wirkten hier 13 Jahre gemeinsam mit den besten Architekten ihrer Zeit. Sie zeigten der Welt, was im sozialen Wohnungsbau unter den vorgefundenen Bedingungen möglich gemacht werden konnte.

Sie nannten auch die Bedingungen, unter denen noch Wirkungsvolleres machbar wäre. Eben deshalb wurden sie als Sozialisten und Kommunistenfreunde ins Exil getrieben. Berlin wollte viele Jahre nichts mehr von ihnen wissen. Als Taut 1938 in der Türkei starb, fand sich in Berlin niemand zu einem Nachruf bereit. In Istanbul hingegen bereiteten ihm die Gastgeber ein Ehrengrab.

Als Martin Wagner 1957 in Cambridge, USA, starb, wurde sein Ableben nur von einer der damals noch rund ein Dutzend Berliner Tages-

und Wochenzeitungen, dem »Tagesspiegel«, mit einer knappen Aufzählung seiner Lebensdaten erwähnt.

Immerhin, anlässlich ihres 100. Geburtstags wurden sie beide – Taut 1980, Wagner 1985 – mit einer Ausstellung in der »Akademie der Künste« geehrt, umgeben von den Architektendenkmälern der Interbau 1957, zu denen Wagner die Polemik »Potemkin in Westberlin« eingefallen war.

2020 versuchte die Ausstellung »Unvollendete Metropole. 100 Jahre Groß-Berlin« des Architekten- und Ingenieurverein zu Berlin-Brandenburg (AIV) Taut und Wagner als Aufschneider zu entlarven, da die von ihnen realisierten und als bezahlbar gepriesenen Wohnungen für die Zielgruppe Arbeiter »unerschwinglich« gewesen seien. Wagner glaubten die Kuratoren zudem nachweisen zu können, dass er sich der neuen Zeit, nach 1933, »anzupassen« versucht habe, frei nach dem Motto: »Rot gleich Braun.«

Im Folgenden wird genauer hingesehen.

Der »Weltbaumeister« und der beamtete Manager

Sie wuchsen auf in einer Zeit, in der alles möglich schien: technische, aber nutzlose Wunderwerke wie der Eiffelturm; Robert Kochs Sieg über die Mikroben; Telefonate mit dem für Wilhelm und Werner von Siemens verlegten Kabel von Kontinent zu Kontinent; die von Zar Nikolaus initiierten Haager Friedenskonferenzen zur Abschaffung kriegerischer Konflikte. Die intensive Bildung der preußischen Jugend und Reformen des Strafvollzugs versprachen ein Ende aller Kriminalität. Die Jahre vor dem Ersten Weltkrieg waren erfüllt von utopischem Denken und Heilsideen.

Eine ganz besondere Rolle fiel dabei der Architektur zu. Die Slums der Industriestädte und die kargen Katen der Knechte und Mägde auf dem Land seien Brutstätten der Armut, Krankheit und Kriminalität gewesen. Eine neue Architektur hingegen würde den Menschen die Entfaltung ihrer sozialen und intellektuellen Kräfte erlauben.

In vier utopischen Entwürfen zwischen 1918 und 1921 – der »Stadtkrone«, der »Alpinen Architektur«, dem »Weltbaumeister« und der »Auflösung der Städte« – sah Bruno Taut den Architekten als Schöpfer einer schönen neuen Welt. Der »Weltbaumeister« wird charakterisiert als »unsichtbarer Weltgeist, der (alte) Architektur vergehen (lässt) und neue aus der Tiefe des Unbegreiflichen (schafft)«.

Die Darstellung der politischen Gedankenwelt eines Architekten seinem künstlerischen Schaffen voranzustellen, ist nicht unbedingt üblich. Bei Bruno Taut und Martin Wagner erweist es sich als unerlässlich, will man ihr Planen und Bauen verstehen. Ganz anders beispielsweise Walter Gropius, der, wie Magdalena Droste in ihrem voluminösen Werk »Bauhaus 1919–1933« schreibt, sowohl als Nachfolger Bruno Tauts in der Leitung des »Arbeitsrat für Kunst«, immerhin ein Produkt der Novemberrevolution, als auch später im Meisterrat des Bauhauses immer wieder Anweisungen gab, »jede politische Betätigung zu unterlassen«. Für Taut und Wagner ein unvorstellbares Verhalten.

In Martin Wagner traf Bruno Taut 1919, als sie kurzzeitig eine »Bürogemeinschaft« bildeten, auf einen kongenialen Partner, der Stadtplanung und Siedlungsbau als praktische Gesellschaftsreform betrieb. Wagner hoffte noch 1920: »Die Revolution hat dem Kapitalismus den Griffel aus der Hand geschlagen. Sie hat ihm das Recht genommen, Weltgeschichte zu machen, (...) weil er es ablehnte, den Menschen zum Maß aller Dinge zu machen und ihn schließlich als Schlachtvieh unter das Trommelfeuer stellte.« Das Baugeschehen sollte die Initialzündung für die Überwindung des privatwirtschaftlichen Kapitalismus und für den Aufbau eines neuen, des sozialistischen Gemeinwesens sein.

Mit ihren Zukunftshoffnungen standen sie nicht allein. Doch kurz nach dem Ende des Ersten Weltkrieges zerflossen, anders als Teile der sozialistischen Parteien es erwartet hatten, schon bald die Chancen für eine grundlegende Revolution der wirtschaftlichen Ordnung. Die von Taut und Wagner für notwendig erachtete Überführung von Grund und Boden in kommunales Eigentum wurde durch die Weimarer Verfassung faktisch, das heißt finanziell, verunmöglicht. Doch hielten beide während ihrer gemeinsamen Jahre in Berlin an dem Traum fest, die Befriedigung des Grundbedürfnisses auf menschenwürdiges Wohnen könne, von den gröbsten Auswüchsen des Kapitalismus unberührt, erreicht werden. Die junge Sowjetrepublik, die beide, Taut sogar mehrfach, besuchten, würde es der Welt zeigen und ein Hinüberwachsen in den Sozialismus erzwingen.

Das war keine gute Basis für eine vertrauensvolle Kooperation mit dem 1921 für 12 Jahre gewählten wirtschaftsnahen Oberbürgermeister Groß-Berlins, Gustav Böß. Der Streit zwischen Gustav Böß und Martin Wagner eskalierte mehrfach, bis der Oberbürgermeister infolge einer Korruptionsaffäre 1930 vorzeitig aus dem Amt scheiden musste.

Für Taut und Wagner war der Sinn allen Bauens das Schaffen von Lebensraum, zu dem vor allem die Wohnung, aber nicht nur diese gehört. Ebenso wichtig war »[d]as sanitäre Grün der Städte« drum herum, wie es Wagner in seiner Doktorarbeit ausführte, und die Gestaltung von Siedlungen als Förderung des Zusammenlebens mit einer Mitte, einer »Stadtkrone« oder auch einer Grünanlage mit einem See, wie sie es in der heute zum UNESCO-Weltkulturerbe zählenden Britzer Hufeisensiedlung und in der Zehlendorfer Waldsiedlung realisierten.

Sozialisten unterschiedlicher Prägung

Taut und Wagner waren demokratische Sozialisten, der eine ohne, der andere mit – zeitweise – sozialdemokratischem Parteibuch. Taut stand gedanklich den Ideen des russischen Anarchisten Pjotr Kropotkin nahe: Anarchismus ohne Gewalt und mit viel Mitwirkung aller Menschen. Er redete gern mit den Bürgerinnen und Bürgern über seine und ihre Pläne und hörte ihnen zu. Wagner gehörte eher zu den autoritären Sozialisten, zuweilen schwierig im Umgang und kein großer Anhänger dessen, was wir heute Mitbestimmung nennen. Von Lohnstreiks bei den Mitarbeitern der von ihm angeregten und einige Jahre geführten »Bauhütten« hielt er wenig.

Aus den Utopien wurde bald realistische Praxis, finanziell erschwingliche (Wagners Anteil) und schöne (Tauts Anteil) Wohnungen und Siedlungen zu planen und zu verwirklichen. Wagner verachtete Architekten, die sich mit ihren Häusern Denkmäler für die Nachwelt setzen wollten. Taut lehnte es ab, anders als Le Corbusier oder Gropius, Bauten oder gar Siedlungen seinen Namen einzuschreiben: Der Bau von Siedlungen war nur gemeinsam mit den vielen am Bau Beteiligten möglich. Ein Plan ist nichts ohne die vielen, die an seinem Gelingen mitwirken.

Bei der politischen Durchsetzung ihrer Pläne half ihnen, wenn auch nur indirekt, die Russische Revolution. Taut und Wagner konnten auf nachahmenswerte Leistungen in der frühen Sowjetunion verweisen, was die Angst des »Westens« vor einer möglichen Sympathie der Massen in Deutschland für diese Bewegung schürte. Die Furcht war letztlich unbegründet. Taut und Wagner trennten sich bald von der sowjetischen Politik, die zum Stalinismus verkam. Sie planten und bauten, um den Menschen ein eigenständiges Leben zu sichern, nicht um sie auf eine Massengesellschaft zuzurichten. Doch auf solche Differenzierungen in der sozialistischen Weltanschauung zu achten, war schon in jener Zeit in Deutschland nicht üblich. Die Konsequenz: Beide konnten ihr Leben nur noch außerhalb des nationalsozialistischen Herrschaftsbereichs retten. Ein hinreichender Grund, um sie nach 1945 Jahrzehnte lang »links liegen« zu lassen. Erst nach dem Beginn der Entspannungspolitik war es möglich, sich ihrer zu erinnern.

Bruno Taut war »ungefährlich«, weil er bereits 1938 gestorben war. Doch Martin Wagner hatte den Nationalsozialismus überlebt und sich nach 1945 mit kritischen Bemerkungen über die Politik des »Wiederaufbaus«, die nicht nur im Städtebau deutlich wurde, hervorgetan. Selbst Bundespräsident Theodor Heuss, der wenige Tage, nachdem Wagner am 14. März 1933 vom NS-Oberbürgermeister Berlins zunächst beurlaubt, vier Wochen später dann ohne Bezüge entlassen worden war, dem Ermächtigungsgesetz zugestimmt hatte, konnte sich 1957 bei der Eröffnung der Interbau `57 nicht enthalten, dem Toten und ehemaligen Kollegen im Werkbund abfällige Worte nachzurufen: Es sei dessen »eigene Verstimmtheit« gewesen, die ihn »immer an der Entfaltung der in ihm angelegten Begabungen gebremst« habe.

Es lohnt sich, anzuschauen und darüber nachzudenken, was von den Bauten und von den Ideen der beiden blieb. In den 2000ern wurde die Zehlendorfer Waldsiedlung sehr einfühlsam vor allem in der Farbgebung und mit viel öffentlichem Geld restauriert. Ein Schmuckstück.

2019, 100 Jahre nachdem Martin Wagner die »Kommunalisierung von Grund und Boden« gefordert, die Mietenexplosion in den Großstädten bemerkenswerte Ausmaße angenommen und parteiübergreifend sogar zu ersten politischen Aktivitäten (»Mietpreisbremse«) geführt hatte, veröffentlichte Hans-Jochen Vogel, ehemaliger Oberbürgermeister von München und Bundesbauminister, sein letztes Buch – er starb im Juli 2020 – unter dem Titel: »Mehr Gerechtigkeit! Wir brauchen eine neue Bodenordnung – nur dann wird Wohnen auch bezahlbar.« Es liest sich, als sei er ein Schüler von Taut und Wagner: »Zu meinem Kernziel gehört auch, dass das Eigentum an Grund und Boden in dem erforderlichen Umfang auf die Gemeinden übergeht.«

So verwundert es wenig, dass Wagner auch heute noch seine Gegner hat, die ihn nun allerdings nicht mehr als Kommunisten, sondern nach dem Schema »Rot gleich Braun« als Anpassler an die NS-Ideologie attackieren, wie Prof. Dr. Harald Bodenschatz und seine Co-Kuratoren in der Ausstellung »100 Jahre Städtebau für Groß-Berlin«. Man kann mit der Verleumdung von Sozialdemokraten immer noch Geld verdienen.

2 Bruno Taut

2.1 Vom Revoluzzer zum Reformer

Ohne den Werdegang des Bürgers Bruno Taut zu betrachten, ist der Architekt Bruno Taut nicht wirklich zu verstehen.

Bruno Taut war zunächst ein Anarchist im Sinne Kropotkins: gewaltfrei und diskussionsfreudig. Ein Revoluzzer, wie Erich Mühsam die vor dem Ersten Weltkrieg mit sozialistischen Gedankengängen Sympathisierenden nannte, der Visionen hatte, niederschrieb und zeichnete. Nach dem Weltkrieg wurde er ein Reformer, der baute, weil er die Gesellschaft verändern wollte.

Er war ein politisch auf der Linken engagierter Mensch. Deshalb wurde er auch nach der Vertreibung 1933 lange Jahre »vergessen« und kam uns erst wieder ins Bewusstsein, als sich die westdeutsche Gesellschaft in ihrer Mehrheit langsam vom beharrenden Denken der ersten beiden Jahrzehnte nach dem Zweiten Weltkrieg befreite. Denn das Denken der 1930er- und frühen 1940er-Jahre lebte vor allem in der Bürokratie der Bundesrepublik fort, in der seit 1949 die Beamten des Naziregimes nach und nach wieder tonangebend wurden, die sogenannten *49er*.

Dieses Denken beherrschte aber auch und vor allem die Hochschulen, an denen nach 1945 zu über 60 Prozent Hochschullehrer lehrten, die nach der Vertreibung von Sozialdemokraten, Kommunisten und Juden in den 1930er-Jahren mithilfe der regierenden Partei auf die Lehrstühle nachgerückt waren. Als man dann nach der Befreiung 1945 den Hochschulen eine gewisse Autonomie zurückgab, zu der auch die Selbstergänzung des Lehrkörpers gehörte, führte dies zu dem unschönen Ergebnis, dass man sich in den Fakultäten zwar um die Eingliederung der »vertriebenen Hochschullehrer« bemühte, aber nicht etwa um die von den Nazis vertriebenen Demokraten, sondern die aus dem »Osten« – Königsberg, Breslau, Danzig, später der SBZ/DDR – Vertriebenen und Geflohenen oder die von der 1940 zur Reichsuniversität erhobenen Straßburger Hochschule oder die aus Innsbruck und Graz. Eine Rückberufung der Nazi-Opfer stand auf den Tagesordnungen nur weniger Fakultäten und Senate und wenn, dann zumeist auf Druck der Besatzungsmächte. Über die von den Nazis Vertriebenen und Ermordeten und ihre Auffassungen wurde nicht gelehrt. Und schon gar nicht über jene, die wie Bruno Taut einst »Kulturbolschewisten« genannt worden waren. Nicht ohne Grund hielt Julius Posener seine Vorlesungen über den politischen Architekten Bruno Taut erst in den 1970er-Jahren.

Was ist das Besondere, das Andere an einer an Posener anknüpfenden Biografie Bruno Tauts? Die Mehrzahl der Architekten baute, was die Regierenden wollten. Nicht umsonst nennen wir noch heute Bauten »wilhelminisch«. Oder sie haben sich als Einzelne durchsetzen und verwirklichen können, wie Haussmann in Paris oder, um in der Nähe zu bleiben, Friedrich Schinkel und August Stüler in Berlin, Brandenburg und Mecklenburg oder wie Le Corbusier in Marseille. Sie verwirklichten sich als »Baukünstler«, zwar durchaus in Beziehung zu den sie finanzierenden Bauherren, aber nicht als Umsetzer einer politischen Idee. Das war bei Bruno Taut anders.

Taut war kein Partei-Sozialdemokrat, auch wenn er dem sozialdemokratischen Oberbürgermeister Magdeburgs, Hermann Beims, und dem Berliner Stadtbaurat Martin Wagner eng verbunden war. Er war

Bruno Taut.

auch kein Kommunist, obwohl er der »Gesellschaft der Freunde Russlands« – des Russlands nach der Oktoberrevolution – angehörte und Einladungen in die Sowjetunion mehrfach nachkam. 1932 folgte er sogar der an ihn herangetragenen Bitte, zeitweise nach Moskau zu übersiedeln und größere Aufgaben zu übernehmen. Er wurde auch kein Faschist, obwohl ihn einige wegen seiner Entwürfe zu Großbauten in den frühen 1920er-Jahren gern in die Nähe von Albert Speer rücken wollten. Doch auffällig ist schon, dass er als aus Deutschland Vertriebener Zuflucht ausgerechnet in jenen beiden Staaten – Japan und Türkei – fand, die außerhalb Europas als einzige mit Hitlerdeutschland durch Verträge freundschaftlich verbunden waren und ihre je eigenen Formen des Rassismus praktizierten.

Im Gegensatz zu ihm aber machten einige seiner Freunde aus dem äußerst linken »Arbeitsrat für Kunst« nach 1933 den Rechtsschwenk und dienten fortan dem NS-Regime. Und auch nach 1945 ging es den meisten »Mitläufern« nicht schlecht.

Das Werden des linken Architekten

Bruno Taut wurde am 4. Mai 1880 in Königsberg geboren und starb im Alter von 58 Jahren am 24. Dezember 1938 in Istanbul. Diese rund sechs Jahrzehnte waren nicht nur in Deutschland politisch wilde Jahre. Obwohl das allgemeine politische Klima eher konservativ und in Deutschland zudem noch in großem Maße kaisertreu war, gab es in

Künstlerkreisen durchaus eine »klammheimliche Sympathie« für die Ideen der Anarchisten. Nicht unbedingt für die Attentate auf Staatsoberhäupter wie die amerikanischen Präsidenten Garfield und McKinley, den italienischen König Umberto I. oder den russischen Zaren Alexander II. Aber viele hingen der Idee hinter diesen Attentaten und anderen Bombenanschlägen an, nämlich der, dass eine »Propaganda der Tat«, also zum Beispiel das Attentat, dem »Volk« – es ist nicht immer klar, was sie darunter verstanden – die Augen öffnen und die Beseitigung des brutalen Herrschers wie die Befreiung von einer die kreativen Kräfte des Volkes bis dahin bindenden Last bewirken und alle Menschen zur Brüderlichkeit führen würde.

Das Wichtige an dieser politischen Idee war, dass nach dieser Tat die Befreiung, die neue Sicht, die Brüderlichkeit, »alle«, also »das Volk« insgesamt, ergreifen werde. Die bisher noch in reaktionären Anschauungen Verharrenden würden sich von diesen lösen und mit allen anderen gemeinsam als einiges Volk zu neuen Ufern vorstoßen. Die Klassen wären dann überwunden. Diese würde es in Zukunft ebenso wenig geben wie Parteien oder Fraktionen. Die Revolution werde alle Bevölkerungsgruppen erleuchten und zusammenführen. Alle Menschen einte ein gemeinsames Ziel – und ließe sie ohne Zwang gemeinsam handeln. Eines Staates würde es nicht mehr bedürfen. In der »Stadtkrone« beschreibt Taut 1919 seine Sozialismusvorstellung wie folgt:

> »Der Sozialismus im unpolitischen, überpolitischen Sinne, fern von jeder Herrschaftsform als die einfache, schlichte Beziehung der Menschen zueinander, schreitet über die Kluft der sich befehdenden Stände und Nationen hinweg und verbindet den Menschen mit dem Menschen.«

Zwar hatte schon 100 Jahre zuvor Schiller es gedichtet und Beethoven es vertont, dieses Credo: »Alle Menschen werden Brüder.« Doch die

Basis dieses neuen Glaubens, dieser neuen Hoffnung war der unerschütterliche Fortschrittsglaube der Zeit vor dem Ersten Weltkrieg, genauer der zweiten Hälfte des 19. Jahrhunderts. Die Technik hatte nicht nur in utopischen Romanen die Welt verändert. Die Elektrifizierung machte tatsächlich rasende Fortschritte, Telefonkabel verbanden Europa und die USA, der Eisenbahnverkehr nahm rapide zu. Und mithilfe dieser Technik schien eine grundlegende Veränderung der Gesellschaft möglich. Eines der meistgelesenen Bücher, zumindest in den Arbeiterhaushalten des Deutschen Reiches, – in denen übrigens sehr viel gelesen wurde –, war Edward Bellamys Roman: »Ein Rückblick aus dem Jahr 2000 auf 1887«. In ihm wird geschildert, wie ein unverheirateter Wissenschaftler Ende der 1880er-Jahre zum Schutz vor dem Lärm der wachsenden Industrie sich seine Studierstube zwei Stockwerke unterhalb des Erdgeschosses einrichten ließ. Aufgrund der Explosion einer Gasleitung wird sein Haus verschüttet und er luftdicht eingeschlossen. Da bei diesem Unglück seine Haushälterin von herabfallenden Trümmern erschlagen worden war, wusste niemand, dass da unten noch jemand saß. 113 Jahre später, im Jahr 2000 wird der luftdicht abgeschlossene Kellerraum bei einem neuen Bauvorhaben, dem Bau einer – natürlich dem ÖPNV und nicht dem Individualverkehr dienenden – U-Bahn-Strecke, entdeckt, der Wissenschaftler erwacht, gut erhalten, und betrachtet nun verwundert, was sich in der Zwischenzeit verändert hat. Selbstverständlich alles zum Guten. Vor allem ist die Arbeitsbelastung durch den Fortschritt der Technik im Dienste der Menschheit deutlich zurückgegangen, die Menschen haben mehr Muße. Da die Zeit der Klassenkämpfe schon lange vorüber war, war das »Volk« längst ein »einig Volk von Brüdern« – und Schwestern – geworden.

Die sozialistischen Utopisten dieser Zeit, zu denen Bellamy gehörte, glaubten an eine Konsequenz, die schon bei Karl Marx, aber auch bei dem US-Amerikaner David Henry Thoreau genannt wird: Wenn sich die materiellen Daseinsbedingungen, die Produktionsverhältnisse änderten, würden sich auch die Verhaltensweisen der Menschen ändern. Und einige wenige hofften, dass diese neuen Verhaltensweisen sich auch vererben würden.

Der Freisinnige Politiker und Publizist Eugen Richter verspottete bereits 1891 solche »Sozialdemokratischen Zukunftsbilder« als letztlich reaktionär und den Polizeistaat fördernd. Doch die Jahrhundertwende war geprägt von Optimismus, allerdings nur bei den Europäern und Nordamerikanern oder genauer: den Kolonialmächten, die sich um die weltweite Verbreitung dessen, was sie Zivilisation nannten, verdient machten. Hier dominierte der feste Glaube, dass die Technikentwicklung nicht nur im Materiellen, Technischen nahezu alles möglich machen werde, sondern auch der Mensch selbst veränderbar sei. Social Engineering, Sozialtechnik nannte man so etwas.

Eines der schönsten Beispiele für diese humanistische Zukunftsgläubigkeit war die Überzeugung von der durch »Sozialtechnik« erreichbaren Veränderungen von gesetzwidrigen oder gar kriminellen Verhaltensweisen von Jugendlichen. Seit den 70er-Jahren des 19. Jahrhunderts fand die Auffassung unter den Justizpolitikern und Juristen eine breite Mehrheit, dass straffällig oder sozial auffällig gewordene, »verwahrloste« Kinder und Jugendliche durch angemessene pädagogische Betreuung, vornehmlich außerhalb der Familien und durch professionelle Erzieher und Erzieherinnen, zu vollwertigen Bürgerinnen und Bürgern erzogen werden könnten. Wenn es also gelänge, das Abrutschen in die Kriminalität bei den Jugendlichen zu verhindern, so müsste es doch möglich sein, die Kriminalität insgesamt und auf Dauer in der Gesamtgesellschaft – und damit gänzlich – zu verhindern.

Diesen und ähnlichen Träumen hingen sehr viele der – pauschal gesagt – »Linken« während des Ersten Weltkriegs nach. Wenn dieses Morden erst einmal ein Ende haben und der Feudalismus abgeschafft sein würde, dann könnte es nur noch ein friedliches Zusammenstehen aller gesellschaftlichen Gruppen geben, ja, es würde dann solche Gruppierungen, es würde Klassen gar nicht mehr geben. Dass es eines solchen Krieges bedürfe, um zur Abschaffung der Klassen zu gelangen, hatten unter anderem Rosa Luxemburg und Karl Liebknecht als »unausweichlich« angesehen. Rosa Luxemburg hatte den Beschluss des Kongresses der Sozialistischen Internationale 1907 in Stuttgart so formuliert, dass der unausweichlich bevorstehende Krieg zur Durchsetzung der Revolution notwendig und zu nutzen sei. Und nach der Revolution gäbe es dann keine Klassen mehr.

Bruno Taut war Anhänger einer friedlichen Variante solcher Visionen. Sein Engagement in der Gartenstadtbewegung basierte auf der von dem russischen Anarchisten Peter Kropotkin beeinflussten Hoffnung, dass sich die Menschen in kleinen Gesellschaften verständigen können: unmittelbar, in direktem Kontakt, ohne Repräsentanten, ohne Parlamentarier, ohne Staat.

Taut war fest davon überzeugt, dass die Änderung der alltäglichen Lebensbedingungen, und dies betraf neben den Arbeitsbedingungen vor allem die Wohnverhältnisse, die Entwicklung des »neuen Menschen« möglich machen würde. Noch 1929 schrieb er:

> »Der Architekt wird zu einem Schöpfer ethischer und sozialer Art. [Die Bewohner] werden durch die Anlage des Hauses zu einer besseren Haltung in ihrem gegenseitigen Umgang und ihren gegenseitigen Beziehungen geführt. (...) Die Architektur [wird] so zur Schöpferin neuer gesellschaftlicher Formen.«

Karl Kautsky hatte schon vor dem Ersten Weltkrieg in seiner Schrift »Rasse und Judentum« die Veränderung der Wohnverhältnisse der »Ghettojuden« als wichtigen Beitrag zur Emanzipation des Judentums am Beispiel seiner Familie geschildert. Taut war also durchaus Realist.

Der Erste Weltkrieg und die Erfahrungen in den Schützengräben hatten die Hoffnung auf die Überwindung der Klassenschranken verstärkt. Auch wenn es Taut gelang, sich als »u. k.«, als unabkömmlich, weil kriegswichtig im Heimatdienst, einstufen zu lassen, blieb er von der Schützengräbenideologie nicht unbeeinflusst. Der Krieg schien alle Unterschiede verwischt zu haben. Ähnliches behauptete auf der Rechten des politischen Spektrums Ernst Jünger: In »Stahlgewittern« sei eine neue und neu denkende Generation gewachsen – soweit sie überlebt hatte. Diese Generation wolle keine Klassen mehr.

Die Worte sind gleich, doch die Inhalte sehr verschieden. Tauts »Volk« bestand aus Individuen, die die Chance haben sollten, sich in ihrer Unterschiedlichkeit zu verwirklichen; sein »Volk« vereinigte alle, um voneinander zu lernen, denn nur unterschiedliche Menschen können voneinander lernen. Wenn alle gleich sind, geht das nicht. Die »Volksgemeinschaft« deutschvölkischer und alldeutscher Provenienz kannte nur die gleichgeschalteten Volksgenossen und schaltete Menschen, die anders waren, aus – bis hin zur physischen Vernichtung.

Wie tief diese Hoffnung der Auflösung der Klassengegensätze bis weit in das Bildungsbürgertum hinein verbreitet war, zeigt Eduard Weitsch, einer der Väter der deutschen Volkshochschulbewegung. Er vertrat die Vorstellung, dass die Volkshochschulen, die in großer Zahl nach 1918/19 entstanden waren, Orte sein sollten, an denen die »Arbeitsgemeinschaft« als demokratische Diskussions- und Lerngemeinschaft über alle Volksschichten, alle Klassen hinweg entstehen könnte: ein Volk, eine Lerngemeinschaft. Es gab nicht nur utopische Architekten, sondern auch utopische Pädagogen.

Bruno Taut war also bei Weitem nicht der Einzige, der zu den Anhängern dieser »Ein Volk«-Vorstellung gehörte. Ihm waren Parteiengezänk und Fraktionskämpfe fremd. Er war viel näher bei jenen, die sich in einem Rätesystem das diskursive Miteinander, aber auch die Achtung des anderen erhofften. Schließlich wäre er sogar gern in die erste von Pazifisten und Anarchisten wie Erich Mühsam, Ernst Toller, Gustav Landauer und Silvio Gesell geprägte Münchener Räteregierung berufen worden. Diese erste Räteregierung, die nur sechs Tage, vom 7. bis zum 13. April 1919 im Amt war, ist nicht zu verwechseln mit der folgenden 2. Räteregierung unter der Vormundschaft der KPD, die am 2. Mai 1919 blutig von Freikorpstruppen, offiziell auf Anweisung des sozialdemokratischen Ministerpräsidenten Johannes Hoffmann, tatsächlich aber auf Weisung des ebenfalls sozialdemokratischen Volksbeauftragten Gustav Noske beseitigt wurde. Hoffmann war als Nachfolger des von dem Freikorpsmann Anton Graf von Arco auf Valley am 21. Februar 1919 ermordeten Ministerpräsidenten und USPD-Politikers Kurt Eisner gewählt worden.

Den Menschen zuhören

Wie aber waren Tauts Ideen über das »eine Volk« in Bauten umzusetzen? Seine Antwort lautete, dass dem Volk die Gelegenheit zu geben sei, sich zusammenzufinden, sich als Einheit zu verstehen, sich zu begegnen und Dinge gemeinsam zu tun. Das konnte nicht in den vereinzelten Wohnungen geschehen, dazu musste ein Raum der Begegnung geschaffen werden. Tauts Lösung hieß vor dem Ersten Weltkrieg: die kommunikative Gartenstadt – überschaubar und auf Gemeinschaft ausgerichtet.

Doch er stand gleichzeitig unter dem Eindruck, dass die Auflösung der Stadt in viele kleine Gartenstädte kaum möglich sein würde. Eigentlich waren Bauten für die Massen angesagt. Um dennoch Gemeinschaft möglich zu machen, wiederbelebte er die »Stadtkrone«. An »40 Beispielen alter Stadtbekrönungen« aus den vorangegangenen vier Jahrhunderten zeigte er zunächst, wie die Umsetzung der Idee eines Stadtbildes, das sich auf einen Höhepunkt hin ordnet, gelingen könnte. Das wichtige Neue daran aber sollte sein, dass es sich dabei nicht um einen Obelisken, eine Kathedrale oder ein Denkmal handelt, sondern um einen belebten Bau, einen Ort der Begegnung, in dem viele Gewerke, viele Berufe, viele Tätigkeiten unter einem Dach neben- und miteinander wirken können.

Die »Stadtkrone«, obwohl mächtig und deshalb als Vorläufer Speer'scher Konzepte verdächtigt, ist denn auch nicht eine Halle, in der der Einzelne in der Menge aufgeht, sozusagen unsichtbar wird, ausgerichtet auf den Prediger. Sondern es sollte ein Ort sein, an dem – um eine Formulierung aus der heutigen europäischen Verfassung aufzunehmen – die »unity in diversity«, die »Einheit in der Vielfalt« erlebbar wird. Er sah in der »Stadtkrone« die Möglichkeit für die Menschen zueinanderzufinden, aber Einzelpersönlichkeiten zu bleiben – gerade ohne staatliche Organisation und ohne Zwang.

Sieht man sich die Zeichnungen zur »Stadtkrone« an, so findet man sie zumeist von einer strahlenden Sonne umgeben. Denn »Licht« ist der zweite Faktor in Tauts Bauplanungen. Das große Gebäude der Stadtkrone hat nur Sinn, wenn es durchleuchtet, nicht finster ist. Gotische Dome sind lichtdurchflutet und farbig – im Ursprung. Licht und Farbe gehören zusammen. Ohne Licht keine Farbe. Nicht ohne Grund hieß die von Taut zwischen 1918 und 1921 herausgegebene Zeitschrift »Frühlicht«.

»Mehr Licht« war um die Jahrhundertwende und bis in die 1920er-Jahre hinein vor allem eine politische Forderung. Die lichtlosen Hinterhöfe Kreuzberger Mietshäuser waren ein sozialpolitischer Skandal. Aber auch die Bürgerhäuser mit ihrer Götter- und Helden-Stukkatur außen und ihren im Inneren überbordendem Plüsch und den vielen Staubfängern waren keine »Lichtburgen«.

Zudem hatte die Industrialisierung die Städte »verdunkelt«. »Aus grauer Städte Mauern zieh'n wir aufs weite Feld« dichteten Hans Riedel und Hermann Löns schon vor 1914, und im Gedicht von Hermann Claudius, »Wann wir schreiten Seit' an Seit'« – nicht zu verwechseln mit Matthias Claudius, der war damals schon 100 Jahre tot – beginnt die zweite Strophe mit den Worten: »Eine Woche Hammerschlag, eine

Woche Häuserquadern zittern noch in unseren Adern«. »Im Frühtau zu Berge« nahm den Lichtgedanken ebenso auf wie die Plakate zu den 1.-Mai-Feiern der Gewerkschaften. Der Künstler Fidus stellte sich selbst als Lichtgestalt dar. Licht ist ein Ausdruck des Willens zur »Lebensreform«, die sich auch am etwas wundersamen »Monte Verità« bei Ascona zeigte, wohin es selbst Revolutionäre wie den russischen Anarchisten Michail Bakunin zog und wo man sich in freier Luft bewegte, nicht behindert durch bürgerliche Bekleidungsvorgaben.

Das zu diesem Licht passende Baumaterial ist verständlicherweise auf keinen Fall der Granit der Bismarck- und Kaiser-Wilhelm-Denkmäler, des Völkerschlachtdenkmals mit seinen Katakomben oder des Kyffhäusers mit seiner düsteren Weihehalle. Dort musste es dunkel sein. Es musste alles im Unklaren, Unscharfen bleiben. In den Weihehallen wogte und waberte Richard Wagner, nicht Bruno Taut.

Für Bruno Taut kam die Entwicklung der Bautechnik, die Möglichkeit der Verbindung von Stahl und Glas gerade recht. »Ohne einen Glaspalast ist das Leben eine Last«, hatte der Schriftsteller Paul Scheerbart gedichtet, den Taut zu seinen Lehrmeistern zählte. Und gegen das Alte ließen sich die neuen Baumaterialien und Bauformen allemal verwenden: »Das Glas bringt uns die neue Zeit. Backsteinkultur tut uns nur leid« lautete eine weitere von Scheerbart gereimte Inschrift an dem Fries des für die Werkbund-Ausstellung in Köln kurz vor Kriegsbeginn im Juni 1914 nach Tauts Entwürfen gebauten Glaspalastes.

Doch Glaspaläste waren keine Wohnstätten. Allerdings hätten sie sich zu »Stadtbekrönungen« geeignet: strahlend und weithin sichtbar. Doch diese Monumentalbauten – so hehr die politischen Konzepte, auf deren Grundlage sie entwickelt worden waren, auch scheinen mochten – waren doch eher etwas für Architekten auf dem Ego-Trip. Man nannte sie »Haus des Himmels« oder »Monument des Neuen Gesetzes« – nachts von einem Lichtkegel angestrahlt, sodass zu jeder Zeit die dort auf Marmortafeln angebrachten »Neuen Gesetze« gelesen werden konnten. Der Architekt als Schöpfer der neuen Welt, die auf dem allen Menschen immanenten Guten gegründet sein würde.

Die Zeiten nach dem Ersten Weltkrieg waren nicht günstig, um solche »Denkmäler der Neuen Zeit« zu errichten: Es fehlte an Geld, aber vor allem auch an der Unterstützung durch jene, für die diese Bauten gedacht waren. Man hatte mit ihnen ja auch kaum gesprochen.

Das sollte nun im »Arbeitsrat für Kunst« geschehen, der im Dezember 1918, wenige Wochen nach der Novemberrevolution und auf Tauts Mitinitiative hin, gegründet wurde. Allerdings in Form einer – wenn auch milden – Diktatur selbsternannter künstlerischer Eliten. In dem von Taut und seinen Freunden verfassten Gründungsaufruf hieß es:

> »Kunst und Volk müssen eine Einheit bilden. Die Kunst soll nicht mehr Genuss Weniger, sondern Glück und Leben der Masse sein. Zusammenschluss der Künste unter den Flügeln einer großen Baukunst ist das Ziel. Fortan ist *der Künstler allein* als Gestalter des Volksempfindens verantwortlich für das sichtbare Gewand des Neuen Staates.«

Aber er konnte es noch besser:

> »Architekt sein, das heißt wörtlich Führer sein. Er muss heute Führer im Ganzen sein, Führer in eine schönere lichtvolle Zukunft hinein.«

Dass andere Künstler solche Auffassungen hinsichtlich ihrer Vorrangstellung vertraten, zeigte auch Le Corbusier, Zeitgenossen Tauts, von dem der Ausspruch überliefert ist: »Die Baukunst unserer Zeit ist am richtigen Platz, wenn sie sich an die Elite wendet.«

Noch zwei Jahre hielt Bruno Taut an seinem Utopismus fest. Seine Schriften »Die Stadtkrone«, »Alpine Architektur«, »Weltbaumeister«

und »Auflösung der Städte« entstanden zwischen 1918 und 1920. Der »Arbeitsrat für Kunst« erreichte zu keinem Zeitpunkt das angestrebte Ziel einer Vereinigung der Kunst – oder besser gesagt: der Künstler – mit dem Volk. Was zuweilen erfolgreich gelang, wenn auch selten, war die Bereitschaft zukunftsorientierter Politiker, sich auf das Abenteuer einer Zusammenarbeit mit sozial engagierten Architekten einzulassen. In Magdeburg gab es ein solches Zusammentreffen.

Die realistische Wende – Stadtbaurat in Magdeburg

Bruno Taut wurde 1921 Stadtbaurat in Magdeburg. Obwohl er einen Zwölf-Jahres-Vertrag und die massive Unterstützung des Oberbürgermeisters und der SPD-Fraktion hatte, blieb er nur knapp drei Jahre. Doch es waren die entscheidenden Jahre für den gesellschaftspolitischen Architekten.

Taut hatte sich nach dem Ersten Weltkrieg mangels Bauaufträgen dem Schreiben und dem Engagement in linken Gruppierungen hingegeben. Er gehörte sowohl der »Novembergruppe« als auch – hier zunächst sogar leitend – dem »Arbeitsrat für Kunst« an, nicht dem Arbeiterrat, obwohl der Anklang an die Arbeiter- und Soldatenräte gewollt war. Tauts Zeitschrift »Frühlicht« war damals noch ein Forum von Erneuerern, die sich nicht als Reformer, sondern als Revolutionäre verstanden. Doch die Hoffnung, über den »Arbeitsrat« Einfluss auf die Kulturpolitik im Allgemeinen und auf das preußische Kultusministerium unter dem Sozialdemokraten Adolph Hoffmann – nicht zu verwechseln mit dem schon erwähnten bayrischen Ministerpräsidenten Johannes Hoffmann – zu bekommen, erfüllte sich nicht. Mitte 1919 zog sich Taut aus der Leitung des »Arbeitsrat« zurück. Gropius trat an seine Stelle. Das Wirken des Rates erschöpfte sich im Folgenden in der Publikation von Programmen und Manifesten und der Organisation von Ausstellungen.

Doch Taut war nach wie vor ein Exponent der neuen Richtung. Er hatte ja nicht nur einen Namen als Utopist, sondern auch – seit der Vorkriegszeit – als beratender Architekt der Gartenstadtbewegung. Und er hatte an einem Projekt dieser Bewegung in Magdeburg maßgeblich mitgewirkt: an der Siedlung »Reform«. Als 1921 die SPD in der Stadt an der Elbe die absolute Mehrheit errang, wagte es der neue Oberbürgermeister Hermann Beims, Taut um die Mitarbeit als Stadtbaurat zu bitten. Das Angebot war für Bruno Taut verlockend: Magdeburg hatte die Chance, sich zu einem Industriezentrum zu entwickeln, zumal das Ruhrgebiet unter den französischen Reparationsforderungen und der französischen Besatzung litt (1921/23–1925). Es würde viel gebaut werden müssen.

Am 27. April 1921 wählte ihn der Stadtrat mit den Stimmen der SPD gegen die der USPD, der DDP und der Konservativen zum Stadtbaurat. Nach der erzwungenen Ruhe der Jahre 1919 und 1920 stürzte sich Taut in die Arbeit.

Von dem, was er in und für Magdeburg an Neubauten entwarf, konnte er nur Weniges verwirklichen. Doch für den politischen Menschen Taut, für den Architekten, der nicht nur für, sondern mit den Menschen bauen wollte, waren es entscheidende Jahre. Viel Zeit und Energie verwandte er darauf, seine Vorstellungen mit den Menschen der Stadt zu erörtern. Nahezu wöchentlich erläuterte er seine Vorstellungen in den Zeitungen der Stadt. Vor allem aber sprach er sehr häufig auf Versammlungen in Vereinshäusern, Theatersälen und Gaststätten, um mit den Menschen zu debattieren. Diese Veranstaltungen dienten nicht nur der Propagierung seiner Ideen, hier vor allem der Farbgestaltung, sondern er sah darin auch die Chance, jene Menschen, die bislang die Gestaltung weder der Schlösser und Gärten noch der Rathäuser und Fabrikgebäude oder der eigenen Wohnquartiere hatten beeinflussen können, mit der Baukunst und ihren Möglichkeiten vertraut zu machen, sie als Partner des Stadtplaners und Architekten zu gewinnen.

Und die Menschen dankten es ihm. Sie malten seinem Aufruf folgend, die Häuser bunt, so bunt, dass es schon wieder vielen auf die Nerven ging und eine erfolgreiche Gegenbewegung hervorrief. Die Debatten vor Ort hatten aber eine erhebliche Konsequenz hinsichtlich seiner baulichen Vorstellungen. In dieser Zeit verloren seine Visionen aus den vorangegangenen Jahren mehr und mehr an Bedeutung. Zwar hatte er den Gedanken der »Stadtkrone« noch nicht aufgegeben. Aber es war offensichtlich, dass die Arbeiterfamilien eher an funktionalen, aber dennoch schönen und vor allem individuell gestaltbaren Wohnungen interessiert waren.

In seiner Schrift »Die neue Wohnung – Die Frau als Schöpferin«, die erst 1924, also nach seinem Weggang aus Magdeburg, erschien, schrieb er:

> »Was bis dahin Verneinung war, wird jetzt Bejahung mit einem neuen Ziel. Die Frau musste bisher dem Hause den Rücken kehren und wendet sich ihm jetzt wieder zu. Aus bloßer Kritik wird Schöpfertum.«

Keine Rede mehr von Gemeinschaftsküchen, Gemeinschaftswaschküchen und Gemeinschaftsspeisesälen. Die »Neue Wohnung« gehörte der Frau, und zwar der Frau, die nicht mehr einer Erwerbsarbeit nachgehen musste, die sie viele Stunden vom Hause fernhielt. Zwar wurde die Kombination von Erwerbsarbeit, Kindererziehung und Wohnungspflege nicht ausgeschlossen. Aber zumindest die Wohnungspflege und die Küche sollte so funktionalistisch wie möglich gestaltet sein, um Zeit zu sparen. Die »Neue Wohnung« kam deshalb ohne Plüschsofa und Deckchen und kitschige Staubfänger aus. Pflegeleicht hatte sie zu sein, und die Küche übersichtlich. Wenn schon eine Revolution nicht machbar gewesen war, die die Frau von Hausarbeiten befreien würde, so sollte diese doch wenigstens so rationalisiert werden, dass der Frau neben der Arbeit für Kinder und Mann im Haus auch Zeit für selbstbestimmtes Tun bleiben würde.

Die »Neue Wohnung« ist aber nicht nur das Resultat eines veränderten Frauenbildes, sondern auch eines veränderten Familienbildes. Die Kleinfamilie würde die Zukunft prägen. In den »neuen Wohnungen« würde kein Platz mehr sein für drei Generationen.

Dieser Wandel seiner gesellschaftlichen Zukunftsvorstellungen drückte sich auch in seinen letzten Planungen für Magdeburg aus: Es war eine Rückkehr zu seinen frühen Arbeiten für die Gartenstadtbewegung. Sein Gesamtentwicklungsplan für Magdeburg begrenzte die Stadtmitte auf einen überschaubaren Kern und lagerte die Wohngebiete über den Stadtrand hinaus aus. Dabei sollte es sich nicht um Schlafstädte handeln, sondern um kleine, in sich lebensfähige Einheiten von rund 30.000 Einwohnern, mit allen Angeboten, die für das tägliche Leben notwendig waren wie Schulen, Werkstätten, Läden, Sportanlagen, Vereinshäusern und so weiter.

Parallel dazu entwickelte er auch ein Konzept zur Elbrandbebauung, in dem er auf seine frühen Ideen über Monumentalbauten zurückgriff und eine ein Kilometer lange, zwei- bis vierstöckige Wohnanlage mit einem Verwaltungsgebäude verband, das in einer enormen Turmanlage, Erinnerung an die »Stadtkrone«, kulminierte. Verwirklicht wurde der Plan nicht.

Trotz der politischen Unterstützung durch den Oberbürgermeister, die SPD-Mitglieder und -freunde und der guten personellen Ausstattung seines Amtes gelang es ihm während der Inflationsjahre nicht, seine Planungen umzusetzen. Faktisch war er nur mit dem Bau einer Ausstellungshalle, genannt »Stadt und Land«, erfolgreich.

Er hatte seine Schrift »Die neue Wohnung« mit dem Satz begonnen: »Der Jahrhundertpendel ist auf dem Tiefstand angelangt, um aufwärts zu schwingen.« Dieses Bild wirkt wie die Beschreibung seiner eigenen damaligen Lebenssituation. Das Buch war sein Abschiedsgeschenk für die Magdeburger und gleichzeitig eine Richtschnur für die Zukunft. Das neue Arbeitsgebiet hieß: die Wohnung. Am 16. Januar 1924 kündigte Taut seinen Posten als Stadtbaurat. Zum 1. April verließ er nach drei Jahren Magdeburg.

Bauen mit den Genossen

Am 14. April 1924 begann seine Tätigkeit als »Beratender Architekt« der GEHAG, der auf Initiative Martin Wagners von den »linken« Gewerkschaften als Bauträger gegründeten »Gemeinnützigen Heimstätten Spar- und Bau-Aktien Gesellschaft«, die den sozialen Wohnungsbau im Berlin der 20er-Jahre prägte und für fünf der sechs Weltkulturerbesiedlungen verantwortlich zeichnete.

Politisch gab es drei Aspekte, die zu beachten waren:

Die Wohnungsnot war erheblich. Der geschätzte Wohnungsfehlbestand im Reich lag bei circa 1,5 Millionen Wohnungseinheiten.

Der Baugrund und das Bauen selbst waren teuer; deshalb sollte die Förderung des Wohnungsbaus durch das Zusammenwirken von Kapital und Produktivkraft, also durch die Kommunalisierung des Bodens und die Sozialisierung des Bauwesens gestützt werden.

Es musste schnell gehen! Deshalb war Rationalisierung durch standardisiertes Bauen und einfache Raumgestaltung vorrangig.

Man tut Taut kein Unrecht, wenn man die von ihm und seinen Kollegen realisierten Siedlungen in den Jahren zwischen 1925 und 1932 als Variationen des Gartenstadtkonzepts bezeichnet. Sie waren von überschaubarer Größe und ermöglichten die Befriedigung der Bedürfnisse des alltäglichen Lebens, einschließlich eines Kinos, wie einst in der Ladenstraße am U-Bahnhof Onkel-Toms-Hütte (der Name des damals nahegelegenen Ausflugslokals an der Krummen Lanke). Sie waren in der Regel zwei- und dreigeschossig, man konnte sie also ersteigen.

Und die Siedlungen inkorporierten Martin Wagners »sanitäre« Grünflächen. Nicht Gemüsegärten. Taut wollte keinen »urbanen Landbau«: Seine und Wagners Grünanlagen zwischen den zwei- bis dreistöckigen Wohnkomplexen dienten der Erholung, der Muße, der Freude, dem Sport, als Kinderspielflächen. Der Mensch war nicht nur Arbeiter, Produktivkraft. Er war nicht eine Maschine im Maschinenzeitalter. Der Mensch definierte sich zwar durch seine Arbeit, aber doch nicht nur. Taut war auch Theoretiker, er fühlte sich als Sozialist, aber er war keiner, der allein wusste, was für andere gut war. Von dieser elitären Auffassung hatte er sich durch die vielen Begegnungen mit den Menschen, vor allem in Magdeburg, gelöst. Wohnen diente den Menschen im Gegenteil dazu, sich von dem Maschinenlärm und Industriedreck zu erholen, nicht dazu, die Wohnung zu einer ausgelagerten Fabrikhalle zu machen.

Er unterstreicht diese Trennung in der Türkei noch deutlicher beim Bau von Bildungseinrichtungen. Für ihn wäre es ein Ding der Unmöglichkeit gewesen, Bildungseinrichtungen als Abbild preußischer Lernkasernen oder, 100 Jahre später, in deutlicher Anlehnung an Fabrikhallen zu bauen, um die Schülerinnen und Schüler auf ihr späteres Leben vorzubereiten, wie dies etwa mit einigen Berliner „Lernfabriken" der 1960er- und 1970er-Jahre versucht wurde.

Dass schon zur damaligen Zeit, aber dann vor allem nach dem Zweiten Weltkrieg hoch gerühmte Architekten ganz anders dachten, zeigt das Beispiel des schon erwähnten Le Corbusier. Während bei Taut die Herkunft von der Gartenstadtbewegung im Wohnungsbau stets sichtbar blieb, entwickelte Le Corbusier bereits 1925 das Konzept der *unité d'habitation*, was zwar wörtlich übersetzt ganz harmlos »Wohneinheit« heißt, was aber in Le Corbusiers Vorstellungen, die er dann unter anderem in Marseille verwirklichte, ein Gebäude mit 18 Geschossen und 340 Wohnungen bedeutete, also eher eine »Wohnstadt« für mehr als 1.200 Menschen, die rasch und funktional zu bauen war; eine, so sagte er, »vertikale Stadt« mit Hotel, Geschäften und Wäscherei in der 7. und 8. Etage und Kita, Freilufttheater und Sporthalle auf dem Dach. Ohne »sanitäres« Grün.

Taut hatte mittlerweile Abstand von solchen Varianten der sowjetischen »Kommunehäuser« genommen, die nicht zur Entfaltung der Persönlichkeit, sondern zur »verstärkten Proletarisierung des Arbeiters« führten. Für solche „Wohnmaschinen" müssten erst »neue Bewohner« konstruiert werden. Daran wollten er und Wagner sich nicht beteiligen.

Mit dem Ziel, die Einheit von Zweckmäßigkeit und Schönheit in volkstümlicher Form anzustreben und der Definition des Zwecks als »des schönen Gebrauchs« stand er außerhalb der Architekturtendenzen seiner Zeit. Er wollte keine Ideologie bauen, sondern zweckmäßig, funktional und schön. Er fragte: »Kann man Glück zeichnen?« Und er gab zur Antwort: »Wir alle können es erleben – und BAUEN.« Glück aber ist etwas sehr Individuelles, dem einzelnen Menschen Gehörendes.

»Ich will helfen« – ein Jahr in Moskau

Wie kommt jemand mit einem solchen Menschenbild, mit den soeben geschilderten Vorstellungen über die Individualität des Menschen dazu, in die Sowjetunion zu gehen und zu glauben, dort seine Ideen vom »neuen Wohnen« und dem Bauen für das Glück der vielen, aber individuellen Menschen umsetzen zu können? Die 1920er-Jahre waren in der Sowjetunion geprägt von den Ideen des »Kommunehauses«, also der Aufgabe des individuellen Wohnens und der Verlagerung möglichst vieler Aktivitäten in Gemeinschaftsräume. Kurz vor Tauts Ankunft in Moskau 1932 war nach dem Entwurf eines erst 26-jährigen Architekten in Moskau ein Studentenwohnheim für 2.000 Studenten vollendet worden, in dem selbst die Schlafräume von drei und mehr Studenten genutzt und alle Tätigkeiten – Essen, Waschen, Lernen, Selbststudium und anderes mehr – in Gemeinschaftsräume verlagert werden sollten. Von Individualität konnte – und sollte – da keine Rede mehr sein.

Tauts Entwicklung in Magdeburg und Berlin hatte ihn mehr und mehr von diesen »Kommuneideen« sowohl in der Stadtplanung als auch in der Baugestaltung der Wohneinheiten entfernt. Sein Moskauaufenthalt endete denn auch mit der Einsicht, dass dies nicht seine politische Heimat würde werden können. Doch gerade dieser Moskautrip machte ihn in den Augen der Nazis endgültig zum »Kulturbolschewisten« – zu einem Zeitpunkt, als er es nun wirklich nicht mehr war.

Doch der Reihe nach: Taut kannte Russland durch häufige Besuche seit 1918. Er war beeindruckt von der Lebendigkeit des nachrevolutionären, noch nicht stalinistischen Russlands. Er hoffte, seine Interpretation von der Vereinigung von Volk und Kunst in der Architektur mit den Möglichkeiten neuer Baumethoden in Russland verwirklichen zu können, wo die Revolution zur Sozialisierung von Grund und Boden geführt hatte, die Industrialisierung durch den Fünfjahresplan (1928–1932) vorangetrieben worden war und »die klare logische Prüfung des technisch Besten und damit das Zurückstellen hergebrachter ästhetischer Liebeleien« den Weg für das neue Bauen freigeben würde.

Doch schon bald drangen Informationen nach Deutschland, dass sich dort – einhergehend mit der raschen Industrialisierung und der dadurch erforderlichen Bereitstellung Tausender Wohneinheiten – die »Urbanisten« und »Desurbanisten« unversöhnlich gegenüberständen und verheerende Besiedlungsvorschlägen auf den Tisch legten: einerseits die Zersiedlung des Landes, andererseits die Zusammenballung von Menschenmassen in funktionalen Großwohnkomplexen. Taut hoffte, dass seine städtebaulichen Theorien und beispielhaften Siedlungsbauten eine heilsame Befreiung von den formalistischen

Berlin-Britz, Hufeisensiedlung.

»Ketten des Doktrinarismus« mit sich bringen würde. Bestärkt worden war er in dieser Hoffnung durch einen Besuch Anatoli Wassiljewitsch Lunačarkijs 1931, der angesichts der Hufeisensiedlung in Britz äußerte: »Das ist gebauter Sozialismus.« Lunačarskij war von 1917 bis 1929 Volkskommissar für das Bildungswesen, wurde von Stalin wegen seiner offenen Kunstauffassungen, insbesondere aber wegen seiner Kritik am »sozialistischen Realismus«, zum Verwalter einiger wissenschaftlichen Institute degradiert und 1933 als Botschafter nach Spanien abgeschoben. Auf der Reise dahin starb er in Frankreich. Er war also bei seinem Besuch 1931 in Berlin bereits nicht mehr tonangebend.

Taut war bis 1929 mehrfach in beratender Funktion für die Stadtverwaltung Moskau tätig. Danach beteiligte er sich auch an Wettbewerben. Es kam zwar nicht zur Umsetzung seiner Entwürfe, jedoch bat ihn der Moskauer Stadtsowjet, seine Tätigkeit vollzeitlich nach Moskau zu verlagern und an der Stadtplanung mitzuwirken. Taut kam dieser Einladung nach und verlagerte seinen Hauptarbeitsplatz (nicht seinen Hauptwohnsitz) im Februar 1932 nach Moskau.

Er war nicht der einzige Deutsche dort. Vor ihm waren schon der Frankfurter Architekt und Stadtplaner Ernst May sowie der 1930 wegen seiner offen sozialistischen Einstellung als Direktor des Bauhauses abgesetzte Hannes Meyer mit jeweils einer größeren Anzahl von Mitarbeitern in der russischen Hauptstadt eingetroffen. Im gleichen Jahr hatte auch Martin Wagner Moskau auf Einladung Ernst Mays besucht. Die Sowjetunion hatte 1928 den ersten Fünfjahresplan beschlossen. Man war sich allerdings bewusst, die Planziele nicht ohne ausländische Hilfe erreichen zu können. Für den industriell-technischen Teil des Plans verließ man sich auf US-amerikanische Unterstützung, für Stadtplanung und Wohnungsbau bemühte man sich um deutsche Fachleute.

Nach dem »schwarzen Freitag« (25. Oktober 1929; in den USA auf Grund der Zeitverschiebung »Black Thursday« 24. Okt.) und dem Beginn der Weltwirtschaftskrise, die vor allem die kapitalistischen Länder traf und dort unter anderem den drastischen Rückgang staatlicher und kommunaler Bauaufträge zur Folge hatte, wurde Russland für deutsche Architekten attraktiv, zumal die Auftraggeber die Bezahlung in Devisen garantierten. Auf russische Anwerbungen in Deutschland hin meldeten sich mehr als 1.500 Architekten.

Als Taut im Februar 1932 in Moskau eintraf, hatten sich die politischen Verhältnisse in Russland jedoch im Vergleich zu den 1920er-Jahren, als es bei westlichen Intellektuellen und Künstlern »zum guten Ton« gehörte, für die möglicherweise entstehende »neue Gesellschaft« und den »neuen Menschen« zu schwärmen, drastisch geändert. Stalin hatte seinen ersten innerparteilichen Machtkampf gegen die »Trotzkisten« 1928 gewonnen und machte sich seit 1929 an die Kollektivierung der Landwirtschaft. Als Taut in Russland eintraf, waren im Zuge dieser »Entkulakisierung«, also der Enteignung der Bauern mit Klein-,

Mittel- und Großgrundbesitz, genannt Kulaken, bereits mehrere hunderttausend umgesiedelt, in Lager gesperrt und ermordet worden. Von Ende 1932 bis Mitte 1933 ließ Stalin zwischen drei und vier Millionen Ukrainer verhungern. Dieser Massenmord erhielt später den Namen »Holodomor« (Vertilgung durch Hunger, Hungertod; das Wort hat keine sprachliche Verwandtschaft mit dem Wort Holocaust). Da diese Hungertode dadurch zustande kamen, dass man den Bauern die Ernte und damit die Aussaat für die kommende Ernte wegnahm und sie an die städtischen Bewohner und an die Industriearbeiter verteilte, erreichte die Moskauer Bewohner das Elend der Landbewohner nicht spürbar.

Taut hat sich zu diesen Morden nicht geäußert, zumindest sind keine Zitate bekannt. Dafür gibt es drei Erklärungen:

> Stalin – und seine Helfer – versuchten durch massiven Druck und Kontrolle, Nachrichten über das Massensterben zu unterdrücken und, falls sie in ausländischen Zeitungen doch erwähnt wurden, als »ausländische Verleumdungen« darzustellen. Es drangen in Russland während der Zeit von Tauts Aufenthalt selbst so gut wie keine Informationen über den Holodomor an die Öffentlichkeit.
>
> Soweit Gerüchte bekannt wurden, neigten zahlreiche Freunde der Russischen Revolution dazu, sie gemäß den Regierungsverlautbarungen als weit übertrieben zu klassifizieren und als Probleme in der Anfangsphase des Aufbaus des Sozialismus zu entschuldigen.
>
> Taut hatte unmittelbar nach seinem Weggang aus Russland mit seiner eigenen Lebensrettung zu tun.

Taut erklärte seinen Weggang im Februar 1933 vornehmlich mit der »zunehmenden Bürokratisierung«. Diese waren eine direkte Folge der zunehmenden Zwangsmaßnahmen, der zunehmenden Kontrolle aller

Bereich durch die GPU, die Geheimpolizei, kurz der Stalinisierung der Sowjetunion. Wie in vielen anderen Ländern der Welt ging diese Abnahme der Freiheit im Inneren mit einem staatlich geförderten Nationalismus und einer forcierten Fremdenfeindlichkeit, in diesem Fall einer Ablehnung der zunächst gewünschten ausländischen Spezialisten, einher. Nun wurde ihnen vorgeworfen, sich auf Kosten des russischen Volkes zu bereichern. Als erste Maßnahme wurde denn auch die Bezahlung in Devisen beendet. Taut traf diese Attacke nicht, denn er hatte sich nie in Devisen, sondern stets in Landeswährung bezahlen lassen. Der nächste Schritt war die Unterstellung der ausländischen Experten unter die Aufsicht russischer Vorgesetzter und Projektleiter, deren mangelnde Kompetenz noch kurz zuvor als Begründung für die Anwerbung der ausländischen Spezialisten gedient hatte.

Am 14. Februar 1933 verließ Taut die Sowjetunion, ohne dass er auch nur eine Bauplanung hätte realisieren und die erhoffte »Erziehertätigkeit« an der neuen Architekten- und Stadtplanergeneration hätte ausführen können. Zwar glaubte der russische Direktor des von Taut konzipierten Gewerkschaftstheaterneubaus noch im Frühjahr 1933, Taut eine Zusage geben zu können, dass die Übertragung der Projektleitung an ihn möglich sein würde. Doch Tauts Antwort, die »Zuckerbäckereien der Fassaden [könne] ruhig ein anderer machen«, zeigt deutlich, dass sich seine Hoffnungen, Veränderungen im Besitz der Produktionsmittel würden rasch Veränderungen der Kunstvorstellungen und des Schönheitsempfindens bewirken, nicht erfüllten.

Flucht aus Deutschland und Exil in Japan

Taut beabsichtigte, nach seiner Rückkehr nach Berlin die Lehrtätigkeit an der Technischen Hochschule Charlottenburg, wohin er 1930 als Honorarprofessor berufen worden war, wiederaufzunehmen und Einladungen nach Japan und in die USA, um die er schon von Moskau aus nachgesucht hatte, zu folgen. Er war noch im Januar 1933 wenige Tage in Berlin gewesen, vor der Machtübertragung an Hitler. Bei seiner Rückkehr Mitte Februar traf er auf eine völlig veränderte politische, vor allem polizeiliche Situation: Auf Kommunisten war die Hatz eröffnet worden. Die Angriffe gegen Bruno Taut wegen seiner Moskauer Tätigkeit im »Berliner Lokalanzeiger«, einer zum deutsch-nationalen Hugenberg-Konzern gehörenden Tageszeitung, nahmen bedrohliche Formen an. Die Listen derjenigen, die verhaftet werden sollten, hatten die Nazis bereits geschrieben. Man wartete nur noch auf einen Anlass, um losschlagen zu können. Der bot sich mit dem Reichstagsbrand am 27./28. Februar. Gewarnt durch eine Information von General Kurt von Hammerstein-Equord, dessen Tochter eine ehemalige Mitschülerin von Tauts Tochter Elisabeth war, flüchtete Bruno Taut am 1. März nach Stuttgart und von dort nach kurzem Aufenthalt am 10. März 1933 in die Schweiz. Der Grenzübertritt konnte noch legal erfolgen. Die Schwarzen Listen, auf denen neben Taut auch Carl von Ossietzky stand, der 1938 an den Folgen der Haft im KZ Esterwegen starb, sowie Tauts enger Freund Erich Baron, ermordet am 24. April 1933 in Plötzensee, waren offensichtlich noch nicht im offiziellen Polizeiapparat durchgereicht worden.

Tauts Familie blieb in Deutschland. Er hatte 1906 Hedwig Wollgast geheiratet, eine Gastwirtstochter aus Chorin, und mit ihr zwei Kinder: Heinrich und Elisabeth. Doch bereits seit 1917 lebte Taut, ohne von Hedwig geschieden zu sein, mit Erica Wittlich zusammen. Sie bekamen eine Tochter, Cornelia. Erica begleitete ihn ins Exil und blieb bei ihm bis zum Tode. Elisabeth konnte 1933 im »Deutschen Heimatwerk«, das die Verbreitung der Volkskunst und des bäuerlichen Handwerks förderte, Arbeit finden. Ihr Chef war ein NSDAP-Mitglied, der seine schützende Hand über sie hielt. Ein NS-Engagement von Elisabeth ist nicht überliefert. Der Bruder Heinrich studierte Geschichte und schrieb 1933 in Heidelberg an seiner Dissertation, als er erfuhr, dass er auf einer Liste von rund 500 als antinational bezeichneten Studenten stand. Er wurde verhaftet, nach kurzer Zeit aber wieder freigelassen. Er ging in die Schweiz, wurde 1934 in Basel promoviert und kehrte dann nach Deutschland zurück, wo er als Vertreter für Schreibmaschinen seinen Lebensunterhalt verdiente.

Brunos jüngerer Bruder Max, mit dem er schon während des Ersten Weltkriegs eine Bürogemeinschaft gegründet hatte, zu der auch der ihm lebenslang verbundene Franz Hoffmann gehörte, wurde nicht von den Nazis gesucht. Das nun von Max Taut und Franz Hoffmann betriebene Büro erhielt aber nach 1933 keine öffentlichen Aufträge mehr. Max hat Margarete Wollgast, eine Schwester der Ehefrau Brunos, geheiratet, sodass der Bruder nun auch Schwippschwager war. Max hielt sich nach 1933 nicht mehr in Berlin auf, sondern zog sich mit seiner Familie nach Chorin zurück. Hoffmann und er führten zwar offiziell das Büro in Berlin weiter, doch waren die Einkommen gering. Sie lagen bis 1941, auf heutige Einkommen und Preise umgerechnet, bei etwa 10.000 Euro jährlich, für beide. Nachdem Berlin in die alliierten Bombenangriffe einbezogen worden war, durften sie jedoch an den Wiederaufbauprogrammen mitarbeiten.

Der Ausschluss Tauts aus dem Lehrkörper der Technischen Hochschule erfolgte bereits am 7. April 1933, der aus der Akademie der Künste offiziell 1934. Sein abrupter Weggang wurde ihm 1937, als er bereits in der Türkei lebte, als »Reichsflucht« ausgelegt. Folgerichtig erlegte man ihm eine »Reichsfluchtsteuer« auf. Sie betrug 23.000 Reichsmark, nach offizieller Umrechnung wären das heute 103.000 Euro. Die Rechnung ging an seine nach wie vor rechtmäßige Ehefrau Hedwig. Deren Einspruch wurde mit folgender Begründung abgelehnt:

> »Wer den Aufruf gegen den Bau des Panzerkreuzers A im Jahre 1928 unterzeichnet hat, wer für den ehemaligen Professor Gumbel eingetreten ist, der die Ehre des deutschen Volkes vor aller Welt in schamlosester Weise geschändet hat (Gumbel hatte Aufstellungen

über die Morde der politischen Rechten seit 1918 veröffentlicht), wer sich ›gefestigter‹ Beziehungen zu bolschewistischen Behörden erfreute und für den Sowjetstaat tätig gewesen ist, wer aus dem preußischen Staatsdienst wegen politischer Unzuverlässigkeit entfernt worden ist, ist zu einem nachhaltigen Eintreten für deutsche Kultur, für deutsche Art und deutsches Wesen, wie es eine Freistellung von der Reichsfluchtsteuer nach § 2 Nr. 3 erfordert, ungeeignet (...) Auf die Parteizugehörigkeit und das Mitgliedsbuch kommt es nicht an, sondern auf die Gesinnung, die aus seinem Verhalten zu entnehmen ist und die ihn in die Gruppe der vaterlandslos gesinnten, internationalen Defaitisten verweist.«

Auf Grund der vorliegenden Einladung nach Japan erhielt Taut von der Japanischen Botschaft in der Schweiz die notwendigen Papiere. Unter Vermeidung des faschistischen Italiens und der den Nationalsozialisten freundlich gesinnten Staaten Ungarn, Rumänien und Bulgarien, fuhr er am 27. März 1933 mit dem Schiff von Marseille nach Odessa, weiter nach Moskau, von dort mit der transsibirischen Eisenbahn bis Wladiwostok und dann erneut mit dem Schiff nach Japan. Am 3. Mai 1933 traf er in der japanischen Hafenstadt Tsuruga ein, wo er von seinen Gastgebern herzlich empfangen und nach Kyoto begleitet wurde.

Die politische Lage in Japan entsprach überhaupt nicht Tauts politischen Vorstellungen. Der Pazifist Taut traf dort auf eine mehrheitlich von Kriegsbegeisterung und Imperialismusrausch »besoffene« Bevölkerung. Seit es 1905 im russisch-japanischen Krieg als erster Staat überhaupt in der Neuzeit gegen eine der westlichen imperialistischen Mächte, zu denen – von Japan aus gesehen – auch Russland gehörte, gesiegt hatte, fühlte sich Japan zu Höherem berufen. Darunter verstand das kaiserliche Militär vor allem eigene territoriale Eroberungen. Die erste größere Landnahme fand 1931 statt. Die Mandschurei war unter die Vorherrschaft Japans geraten, das dort das Marionetten-Kaiserreich Mandschukuo errichtet hatte. In Japan selbst fühlte sich das Militär allmächtig und mobilisierte nationalistische und rassistische, vor allem aber ausländerfeindliche Kräfte.

Es war deshalb mehr als ein Wagnis, als der »Verband Internationale Architektur« in Japan, der in enger Verbindung zum »Internationalen Kongress für Moderne Architektur« (CIAM) stand, also internationalistisch war, einen ausländischen Architekten einlud. Das bestätigte sich bald. Noch während Tauts Aufenthalt in Japan wurde der Verband von nationalistischen Kräften ins Abseits gedrängt.

Doch Taut selbst wurde direkt nach seiner Ankunft mit großer Freundlichkeit betreut und mehrere Wochen im Lande umher geführt. Er war schon früher ein Bewunderer der japanischen Baukunst, besonders ihrer Einfachheit und Farbigkeit gewesen. Nun war er vom Anblick überwältigt. Ausfluss dieses Eindrucks war sein bereits zwei Monate nach seiner Ankunft vollendeter kleiner Aufsatz mit dem Titel »Nippon – mit europäischen Augen gesehen«, der in Japan mehrere Auflagen erlebte und ganz entscheidend zur Steigerung seines Ansehens wie auch zu seinem Schutz vor nationalistischen Angriffen beitrug.

Die finanziellen Zuwendungen flossen nicht sehr lang. Seine Gastgeber verloren mehr und mehr an Einfluss. Er konnte zwar weiterhin reisen und Vorträge halten, doch Aufträge für nennenswerte Bauvorhaben gab es keine. Er schrieb viel, doch sein Einkommen beschränkte sich auf die Einkünfte aus einer beratenden Tätigkeit bei einem städtischen Versuchsinstitut für Kunstgewerbe und einer Porzellanfabrik und schließlich auf die Mitarbeit in einem Provinzialinstitut für Kunstgewerbe, Möbel und Volkskunst. Er entwarf Aschenbecher, Pfeifenständer, Puderdosen, auch Lampen und Kleinmöbel, insgesamt etwa 600 Objekte, die sich auch verkaufen ließen. Nur bauen konnte er nicht. Er bewunderte die traditionelle japanische Schnitzkunst und andere handwerkliche Arbeiten. Die politische Forderung, den Export solcher kunsthandwerklichen Produkte mit allen Mitteln zu steigern, führte jedoch zur Herstellung von künstlerisch minderwertiger Massenware für den internationalen Markt. Der Kapitalismus zerstörte in seinen Augen die Kunst.

Er arbeitete mehrere – allerdings nie umgesetzte – Baupläne aus, die von dem Auftraggeber so jämmerlich bezahlt wurden, dass diese Bezahlung einer Beleidigung des immerhin international bekannten und anerkannten Architekten nahekam.

Seine zunehmende Isolierung machte ihn sensibler für die soziale Situation in Japan. So notierte er rückblickend:

> »Japan – vielleicht das Land der größten Spannungen, der geringsten Ausgeglichenheit, der größten Disharmonie – dabei für Jahrhunderte ohne Hoffnung auf einen Ausgleich.« Und an anderer Stelle: »Heute ist das Land der kümmerliche Rest einer furchtbaren Verschleißwirtschaft (...) Das ganze Volk (ist) schwer psychiatrisch erkrankt. Seine Minderwertigkeitskomplexe machen es zu einem Wahlverwandten eines fernen anderen. So kennt es nur eine Zuflucht, die Ultima Ratio. (...) Doch Feinde gibt es nicht. Sie müssen immer erst gemacht werden (...) [Im] Ernst kommt es mir so vor, als wenn bei vernünftigen Menschen zeitweise der Verstand aussetzt.«

Dennoch liebte er dieses Land. In einer Notiz vom 1. März 1935 hatte er festgehalten:

> »Bald von hier weg? Das würde schreckliches Heimweh nach dieser Heimat hervorrufen. Ich liebe nur die Schönheit und wo sie mich ergreift, da bin ich zu Hause.«

Etwas mehr als ein Jahr später verließ er Japan. Sein Verbündeter aus Berliner Zeiten, Martin Wagner, hatte ihn in die Türkei abgeworben.

Bauen, bauen bauen! Erfüllung in der Türkei

Taut begann seine Tätigkeit in der Türkei am 10. November 1936 als Professor an der Akademie für bildende Künste in Istanbul und lehrte dort bis zu seinem Tod am 24. Dezember 1938. Doch damit nicht genug. Wenig später übernahm er die Leitung des Fachbereichs Architektur an der Akademie, der damals führenden Hochschule für Kunst und Architektur in der Türkei. Des Weiteren arbeitete er – wenig – als freischaffender Architekt. Vor allem aber leitete er das Architekturbüro im türkischen Unterrichtsministerium. Er war ausgelastet. Endlich!

Seine Aufmerksamkeit galt, dienstlich bedingt, vor allem dem Bau von Bildungseinrichtungen. Noch heute sind 24 Bauten, an denen Taut beteiligt war, nachzuweisen. Nach den Jahren des zwangsweisen Nichtbauens in Japan arbeitete er wie im Rausch. Sein letztes Werk, der Katafalk, war für den wenige Wochen vor ihm im November 1938 verstorbenen »Vater der Türken« Atatürk erdacht. Bruno Taut starb am 24. Dezember 1938 und wurde als einziger Ausländer und Nichtmuslim auf dem Ehrenfriedhof des türkischen Staates in Edirnekapi, Istanbul, beigesetzt.

Wie kam es zu diesem Erfolg in der Türkei, die in den 1930er-Jahren nicht nur ihm neue Wirkungsmöglichkeiten eröffnete, sondern über 1.000 Fachkräften, darunter 200 in Deutschland verfolgten Wissenschaftlern, die zum Teil aus Gefängnissen und Konzentrationslagern an ihre türkischen Wirkungsstätten berufen wurden? Die Türkei war kein antifaschistischer Staat. Die Regierung Atatürk hatte zum Beispiel keine Probleme, einen der meist beschäftigten Nazi-Bildhauer, Josef Thorak, 1934 an der Gestaltung des Befreiungsdenkmals in Ankara zu beteiligen. Es sieht genauso aus, wie man es von Denkmälern solcher Nazi-Künstler wie Arno Breker und anderen erwartet. Von Thorak stammt zum Beispiel auch der »Faustkämpfer« auf dem »Reichssportfeld«, für den ihm Max Schmeling Modell gestanden hatte.

Die Türkei war 1922 aus Teilen des zusammengebrochenen osmanischen Reiches entstanden. Während sich in anderen Teilen dieses ehemals riesigen Reiches Franzosen und Briten durch die Schaffung neuer Kolonien oder von ihnen abhängigen Staaten bereicherten, erkämpften sich die Jungtürken einen eigenen Staat, nicht zuletzt durch die Unterdrückung und Ermordung von christlichen Minderheiten wie den Armeniern. Sie konnten sich dabei auf die Unterstützung des Deutschen Kaiserreiches verlassen. Nicht umsonst war der Verantwortliche für den Genozid an den Armeniern, der Innenminister Mehmet Ali Talaat Pascha, mit deutscher Hilfe 1918 nach Berlin geflohen, um der Todesstrafe zu entgehen, die die Nachfolgeregierung gegen ihn verhängt hatte. Er wurde 1921 in der Hardenbergstraße, wo er unter falschem Namen ein »großes Haus« führte, von einem studentischen Mitglied der armenischen Untergrundorganisation Nemesis erschossen. Das Schwurgericht des Landgerichts III in Charlottenburg sprach den Attentäter, dessen gesamte Familie bei den Todesmärschen 1915 in der Türkei umgekommen war, drei Monate später frei. Der Prozess war auf zwei Tage (2./3. Juni 1921) beschränkt und die Zahl der Zeugen, die die Verteidigung benannte, nach Hinweisen aus dem Auswärtigen Amt auf ein Minimum begrenzt worden, um zu verhindern, dass die Mitwirkung der deutschen Behörden an dem Genozid öffentlich wurde.

Doch nicht nur die türkische Bevölkerung, sondern auch die in Kleinasien lebenden Griechen wurden von nationalistischen Strömungen ergriffen. Nach 1919 wollten sie mit Unterstützung der Franzosen und Engländer einen griechischen Staat auf dem Territorium der heutigen Türkei errichten. In blutigen Kämpfen siegte die türkische Armee. Mit dem Vertrag von Lausanne, durch den 1923 dieser grausame Krieg beendet wurde, kam es zur ersten völkerrechtlich legitimierten »ethnischen Säuberung«, wie wir sie in jüngster Zeit auch im ehemaligen Jugoslawien mitangesehen haben: Griechen mussten die Türkei, Türken Griechenland, vor allem die Halbinsel Chalkidike mit der Stadt

Thessaloniki verlassen. Schon bei der Einnahme von Izmir waren 20.000 Griechen und Armenier ermordet worden. Bei dieser »Umsiedlung« starben nun erneut Tausende auf beiden Seiten.

Nationalismus ist keine gute Voraussetzung für das Wirken ausländischer Wissenschaftler. Dass deutsche Wissenschaftler dennoch kamen, Erfolg hatten und Anerkennung ernteten, hatte dreierlei Gründe: erstens die starke Stellung des »Vaters der Türken«, Atatürk; zweitens die weitgehende Übereinstimmung ihrer politischen Haltung mit dem Reformprogramm Atatürks; drittens ihr bewusst zurückhaltendes, dienendes Auftreten, basierend auf der Erfahrung, durch die Berufung in die Türkei gerettet worden zu sein.

Man kann sich die Stellung Atatürks überhaupt nicht herausgehoben genug vorstellen. Er hatte als Oberbefehlshaber Ansehen durch den Sieg über die Griechen gewonnen. Wichtiger aber war, dass er das gesamte Militär nicht nur im Krieg hinter sich wusste. Er hatte es auch dafür gewonnen, Träger der inneren Reformen im Frieden zu werden. Anders als in anderen Ländern des Nahen Ostens gehörte in der Türkei das Militär bis in die 1960er-Jahre hinein nicht zu denen, die sich zugunsten ihrer Familien hemmungslos bereicherten. Das war unter anderem die Folge einer strikten Leistungsauslese, und zwar schon in den vom Militär getragenen Gymnasien, die sich hinsichtlich der Leistungsanforderungen und der sozialen Zusammensetzung der Schülerschaft deutlich von staatlichen oder gar privaten Gymnasien unterschieden. Das konnte den Nepotismus zwar nicht ganz verhindern, aber doch sehr erschweren.

Atatürk war ein konsequenter Reformer, der auf gleiche Bildung für beide Geschlechter als Grundvoraussetzung eines modernen Gemeinwesens setzte. Da es den Türken kontinuierlich wirtschaftlich besser ging, der Fortschritt also sichtbar wurde, ließ sich Stabilität erzielen. Atatürk war Staatsschöpfer, herausragender Verfassungsgeber und Sprachwissenschaftler. Bei der Neugestaltung der türkischen Sprache ging es ja nicht nur darum, die arabischen in lateinische Buchstaben zu tauschen, sondern um die Schöpfung einer neuen Sprache und Grammatik.

Der dritte Grund für Atatürks Erfolg war die Anwerbung von Fachkräften und Wissenschaftlern aus Deutschland, von denen viele die Nazis aus Amt und Würden gedrängt hatten. Diese Menschen waren nicht durch interessante Gehälter wie seinerzeit von der Sowjetunion angelockt worden, sondern die Türkei bot ihnen Rettung vor Verfolgung und einen intelligenten Staatschef als Gesprächspartner und Förderer an. Wann hat man das schon mal?

Nun gab es auch in der türkischen Gesellschaft nationalistische und fremdenfeindliche Strömungen, ganz ähnlich denen, die Taut in Russland und Japan erlebt hatte. Doch in der Türkei konnten sie während Atatürks Präsidentschaft nicht die Aggressivität wie in den genannten Staaten entfalten. Das lag an Atatürks Ansehen, das solche Tendenzen nicht zuließ, zum anderen aber auch daran, dass ausländische Wissenschaftler in der Gesamtzahl nur wenige waren und keinen der gesellschaftlichen Bereiche – wie etwa zeitweise in Russland die Städteplanung – gänzlich oder auch nur überwiegend dominierten; schließlich, und das ist wohl der Hauptgrund, fanden alle durch Taut ausgebildeten türkischen Architekten und Stadtplaner problemlos eine geeignete Arbeit. Das war wichtig. Denn der aggressive Nationalismus hat seine Anhänger vornehmlich in den Mittelschichten, die um ihre soziale Stellung bangen.

Die Leitung der Bauabteilung des Unterrichtsministeriums und die Lehrtätigkeit an der Akademie gaben Taut in zweifacher Hinsicht Gelegenheit, seine politischen Gedanken umzusetzen. Schulen mussten keine Lernkasernen sein. Sie sollten ebenso wie Wohnungseinheiten nicht nur funktional, sondern auch schön sein. Lernen sollte Spaß machen, die Menschen sollten gern in diese Einrichtungen gehen. So nutzte Taut auch hier Farben. Er ließ nicht Häuser einfach bunt anmalen, sondern zum Beispiel den Fachbereich Literaturwissenschaften der

Bronzeplatte für Bruno Taut, Waldsiedlung Zehlendorf 2021.

Universität Ankara mit verschiedenfarbigen Steinen in unterschiedlichen Größen bauen. Gleiches galt für die von ihm geplanten und unter seiner Leitung realisierten Schulbauten in mehreren türkischen Städten.

Für Wohnungsbau war er nicht zuständig.

Seinen nachhaltigsten Erfolg hatte er als Lehrer. In Moskau wie in Japan hatte er versucht, die regionalen Kultur- und Kunstvorstellungen mit seinem Konzept für funktionales Bauen zu verbinden. Er wollte nicht überstülpen, sondern hörte zu und nahm auf. Das Angebot an seine Hörer und Hörerinnen, an der Entwicklung einer aus der regionalen Kultur erwachsenen Architektur mitzuarbeiten, wurde mit großer Zustimmung aufgenommen. Die Funktionsgerechtigkeit der Gebäude ist wichtig, aber noch wichtiger sind die Menschen, die darin leben und arbeiten wollen und müssen.

Seine größte Anerkennung in der Türkei erhielt er für den Bau des Katafalks für den am 10. November 1938 gestorbenen Atatürk. Nachdem der Entwurf eines anderen Architekten abgelehnt worden war, eilte die Zeit. Taut wurde gefragt und sagte zu. Von Asthmaanfällen und Fieber gequält, entwarf er den Katafalk in einer Nacht. Die Auftraggeber waren begeistert, seine Studenten verwirklichten den Entwurf umgehend. Und der Architekt wies aus Dankbarkeit gegenüber dem Verstorbenen jegliches Honorar zurück.

Drei Wochen später, am 24. Dezember 1938, starb er.

2.2 Sozialer Wohnungsbau aus dem Geist der Utopie

Von der »Alpinen Architektur« zur »Papageiensiedlung«

(Die Angaben in Klammern verweisen auf die Fundstellen für die Taut-Zitate)

Auf seiner letzten Zeichnung in dem utopischen Entwurf zur Stadtentwicklung »Die Auflösung der Städte« fragte Bruno Taut 1920: »Kann man das Glück zeichnen?« Und er gibt sich selbst die Antwort mit den Worten. »Wir alle können es erleben – und BAUEN«. Er fährt fort: Diese Utopie sei die »wahre Gegenwart, ruhend auf dem Fels des Glaubens und der Erkenntnis«. »Sicher« und »real« sei nur die Utopie, denn sie erhebe sich »schwimmend über dem Sumpf der Illusion und der trägen Gewohnheit«.

Einige Jahre später (1929) wird er – unter unausgesprochener Bezugnahme auf die Zehlendorfer »Papageiensiedlung« – schreiben:

> »Der Architekt wird zu einem Schöpfer ethischer und sozialer Art. (Die Bewohner) werden durch die Anlage des Hauses zu einer besseren Haltung in ihrem gegenseitigen Umgang und ihren gegenseitigen Beziehungen geführt (...) Die Architektur (wird) so zur Schöp-

> ferin neuer gesellschaftlicher Formen.« Und der Architekt zum »Diktator der Lebensformen« (DVA 248), in jeder Hinsicht.

Weitere zwei Jahre später, 1931, wird Anatolij Wassilijewitsch Lunačarski, die Hufeisensiedlung als »gebauten Sozialismus« (DVA 158) rühmen, einem Sozialismus, in dem auch das Individuum zu seinem Recht kommen sollte.

> »Alle diese Arbeiten«, so Ian Boyd White in seinem Aufsatz über den »Visionär Bruno Taut«, waren »erleuchtet von Tauts Vision einer Architektur, die nicht nur zum Ziel hatte, physische Bedürfnisse zu befriedigen, sondern auch Positionen der Moral, der geistigen und politischen Führung aufzuzeigen.« (DVA 68)

Bruno Taut ist ein Beispiel dafür, dass ein Mensch mit Visionen nicht, wie Helmut Schmidt in einer Polemik gegen die »68er« meinte, zum Psychiater gehen sollte, sondern dass er oder sie erst dank solcher Visionen einen sozialen – und das heißt: sowohl die physischen als auch die kulturellen und emotionalen Aspekte menschlichen Daseins berücksichtigenden – Wohnungsbau schaffen kann.

Die Verbindung der Visionen, der Utopie, mit den »harten Dingen«, wie Taut später seine Mitarbeit an der Beschaffung von Wohnraum in großem Maßstab in Berlin nannte, bedarf großen intellektuellen Mutes und jahrelanger praktischer Erfahrungen.

> »Nur vom Großen, nur vom Ganzen her kann das Kleine leben, sonst wird es kleinlich.« (FL 10)

Der 1880 geborene Bruno Taut erfuhr seine Bildung in einer Zeit des technischen, medizinischen und geistigen Aufbruchs. Der »Wilhelminismus« bemühte sich mit dem Wiederaufbau mittelalterlicher Burgruinen am Rhein, der Errichtung von Heldendenkmälern im Teutoburger Wald und am Kyffhäuser sowie Wallfahrten zu den germanotümelnden Weihespielen in Bayreuth immer verzweifelter und immer vergeblicher, neue politische und soziale, physische und psychische, kulturelle und technische Entwicklungen an der Ausbreitung zu hindern. Dies musste irgendwann vulkanähnliche Durch- und Ausbrüche zur Folge haben wie anarchistische Gewaltakte, politische Revolutionen und künstlerische Neuschöpfungen. Mensch *und* Gesellschaft sollten sich neu erschaffen, einen »expressionistischen Totalaufstand gegen die bestehende Ordnung« (AA 61) bewirken.

Wie es zu dieser Erneuerung kommen könnte, hatte Friedrich Nietzsche in seiner radikalen Kritik des Philistertums, des Positivismus und des Materialismus formuliert. Bruno Taut war für diese Kritik empfänglich, ihn, so White, »fesselte die Vorstellung von einer neuen selbsternannten Elite, die sich aus den Starken, den Kräftigen und den Begabten zusammensetzen sollte.« (DVA 68)

Bei Taut lautet diese Vision:

> »Die Kunst stellt eine Pyramide dar, die nach unten in die Breite geht. Oben an der Spitze stehen die Tüchtigsten, stehen die Künstler, die Ideen haben. Die breiter werdende Basis bedeutet nichts weiter als die Verflachung dieser Ideen (...) Ich finde es überaus betrübend, dass man sich nicht dazu durchreißen kann, immer einfach an die Spitzen zu glauben.« (DVA 68/69)

Schon bei Nietzsche findet sich im »Antichrist« dieses Pyramidenbild in leicht anderer Form:

> »Eine hohe Kultur ist eine Pyramide: sie kann nur auf einem breiten Boden stehen, sie hat zuallererst eine stark und gesund consolidierte Mittelmäßigkeit zur Voraussetzung.«

Die herausragende Stellung kommt dabei, so Taut, der Zusammenführung aller bildenden Künste unter den Fittichen einer radikal neuen Architektur zu. So schreibt er in einem Beitrag für die expressionistische Zeitschrift »Der Sturm« im Februar 1914:

> »Bauen wir zusammen an einem großen Bauwerk! An einem Bauwerk, dass nicht allein Architektur ist, in dem alles Malerei, Plastik, alles zusammen eine große Architektur bildet und in dem die Architektur wieder in den anderen Künsten aufgeht. Mit einer neuen Architektur kann die Welt erneuert werden.« (DVA 59)

So ist für ihn denn auch Architektur Weltgestaltung – 1920 schreibt er ein Theaterstück mit dem Titel »Weltbaumeister«. Die Architektur ist ihm Kunst, dem Ergötzen an Farbe und Form gewidmet und keinen anderen Zweck verfolgend als den, schön zu sein.

> »Jeder Gedanke sozialer Absicherung soll vermieden werden. Das Ganze muss sich exklusiv geben, wie eben große Kunst immer erst im Künstler allein da ist. Das Volk möge sich dann von selbst an ihr erziehen oder warten, bis seine Erzieher kommen.« (DVA 61)

Schönheit, so Taut, hat

> »die Kraft, die Gesellschaft als Ganzes zu reformieren und zu inspirieren sowie den führenden Persönlichkeiten der Arbeiterklasse eine neue Sensibilität und Aufgeschlossenheit für die Schönheit als eine Quelle des sozialen und politischen Fortschritts und der Harmonie zu vermitteln«. (DVA 69)

Erst nach dem Ersten Weltkrieg nahm Taut von den sehr elitären Komponenten dieses Denkens nach und nach Abstand. Als er zusammen mit einigen anderen wie Gropius im Dezember 1918 den »Arbeitsrat für Kunst« gründete, verstieg er sich noch einmal, allerdings auch zum letzten Mal, zur Erhebung des Architekten zu einer besonderen Form des »Übermenschen«.

Im Gründungsaufruf forderte er:

> »Fortan ist der Künstler allein als Gestalter des Volksempfindens verantwortlich für das sichtbare Gewand des Neuen Staates. Architekt sein heißt wörtlich Führer sein... Führer in eine schöne lichtvolle Zukunft hinein.« (AK 87)

Über die Forderung, dass Schönheit, sollte sie etwas Gesellschaftsveränderndes bewirken, für alle da sein müsse, fand Taut schließlich zum sozialen Wohnungsbau.

Doch zunächst geht es beim Thema »Schönheit« noch nicht um das »harte Ding«, den »sozialen Wohnungsbau«. Denn Schönheit soll, so Taut, »nutzlos« sein, nur dann könne sie auch wirkungsvoll sein.

Die Schönheit als eine aus sich selbst heraus wirkende Kraft vergegenständlicht sich in lichterfüllten und farbigen Welten, wie sie Tauts Freund, der Schriftsteller Paul Scheerbarth, in seinen »Astral«-Romanen beschrieben hatte. Scheerbarth war vor 1914 ein viel gelesener Autor fantastischer Romane. Er reimte über das zum Bau von Schönem vorrangig zu verwendende Material den Knittelvers:

> »Das Glas bringt uns die neue Zeit,
> Backsteinkultur tut uns nur leid.« (DVA 59)

Dieser Vers steht am Sockel des Glashauses, des sehr umstrittenen Beitrags Tauts zur Werkbund-Ausstellung im Juni/Juli 1914 in Köln. Gefertigt aus Glas und Stahl machte es sichtbar, was aus diesen Materialien Beeindruckendes und Erfreuliches entstehen konnte.

Bruno Tauts Glaspavillon auf der Werkbund-Ausstellung 1914 in Köln.

»Das Glashaus hat keinen anderen Zweck, als schön zu sein.« (DVA 64)

Bauen in Stahl und Glas hatte durchaus schon eine gewisse Tradition. Zum ersten Mal stellten die französischen Macher der Weltausstellung 1855 eine große, 200 Meter lange Ausstellungshalle aus Stahl und Glas den Ausstellern zur Verfügung. Berühmt wurde wenige Jahrzehnte später eine Stahlkonstruktion, Alexandre Gustave Eiffels völlig »nutzloser«, »zweckfreier« Eiffelturm, als Eingangstor zur Weltausstellung 1889 errichtet und eigentlich zum Wiederabriss vorgesehen. Auch Taut hatte bereits ein »Monument des Eisens« – mit Glas – für die Internationale Baufachausstellung in Leipzig im Jahre 1913 vorgestellt.

Für Taut und seine Freunde stand dabei das Glas als Baumaterial im Vordergrund. Sein Freund Adolf Behne verhieß überschäumend:

> »Die Glasarchitektur bringt die europäische Geistrevolution. Sie macht aus einem beschränkten, eitlen Gewohnheitstier einen wachen, hellen, feinen und zarten Menschen.« (DVA 59)

Taut muss allerdings unter Hinweis auf sein Glashaus von 1914 in Köln etwas enttäuscht feststellen, dass fast nur Kinder und Frauen sich über die neuen Reize seines sakralen Reklamepavillons für die Glasindustrie mit seinen schillernden, durchscheinenden Wänden und den leuchtenden Kaskaden, dem »Kaleidoskop-Theaterchen« erfreut zeigten (DVA 58).

Im Vergleich zum Eisen hatte das zerbrechliche Glas einen moralischen Vorteil: Es war für den Bau von Kanonen und Panzer weniger geeignet. So reimte der schon erwähnte Scheerbarth für die Überschrift über den Eingang in das Kölner Glashaus von 1914, wenige Wochen vor dem Beginn des Ersten Weltkrieges den hoffnungsvollen Vers: »Das bunte Glas zerstört den Hass.« (DVA 59)

In den folgenden vier Jahre waren Glasbauten nicht gefragt, ebenso wenig wie zweckfreie Schönheit.

Taut wurde trotz freiwilliger Meldung zum Kriegseinsatz »u. k.« – unabkömmlich – gestellt. Die Idee vom möglicherweise friedensstiftenden Bauen mit Glas radikalisierte sich bei ihm infolge der zunehmenden Zerstörungen nicht nur von Material, sondern auch von menschlicher Gesittung und individueller Würde. Angesichts der ungeheuren Materialschlachten verwarf er sogar die Symbiose von Glas und Stahl und verzichtete gänzlich in seinen Entwürfen auf Eisen als Bauelement. Glas wurde zum alleinigen Baustoff für seine Bauentwürfe »Alpine Architektur«, die zwischen November 1917 und Sommer 1918 entstanden, aber erst nach Kriegsende gedruckt wurden.

Matthias Schirren, emeritierter Professor der TU Berlin, vermutete in seinem Vorwort zur Neuauflage der »Alpinen Architektur« 2001 bei Taut folgende Beweggründe:

> »Angetrieben vom Kriegsekel entwarf Taut hier die Utopie eines völligen Neubaus der Welt aus dem Geist der Empathie, die Ernst machen wollte mit dem moralischen Anspruch der avantgardistischen Architektur seiner Zeit, das Leben selbst, respektive die Natur vollständig der Kunst unterwerfen zu können.« (AA 6)

Was war das »Alpine« an dieser Architektur? Zunächst recht einfach: Die Gipfel der Alpen sollten zu Kristallformen geschliffen und mit Glasobjekten überhöht werden. Die gezeichneten Kristallkörper und Glaskuppeln waren stets mit erläuternden, erhebenden, häufig religiös anmutenden Texten versehen. Taut hatte in dieser Zeit, in der er nicht bauen konnte, einen Hang zu Erweckungs- und Erneuerungsbewegungen (DVA 230). Zu der zentralen, der 16. von 30 Zeichnungen, der »Alpinen Architektur« schrieb er unter anderem folgende, die Zeichnung in Kreuzform umrahmende Sätze:

> »Wo die höchste Alpenkette vom Montblanc her im Monte Rosa über die italienische Ebene herausragt, im inneren Bogen des Gebirgszuges – da soll die Schönheit erstrahlen. Der Monte Rosa und sein Vorgebirge bis zur grünen Ebene soll umgebaut werden. Ja, unpraktisch und o. Nutzen! Aber sind wir vom Nützlichen glücklich geworden? – Immer Nutzen und Nutzen: Comfort, Bequemlichkeit, gutes Essen, Bildung – Messer, Gabel, Eisenbahnen, Closets und

> doch auch --- Kanonen, Bomben, Mordgeräte. – Bloß Nützliches und Bequemes wollen ohne höhere Idee ist Langeweile. Langeweile bringt Zank, Streit und Krieg: Lüge, Raub, Mord, Elend, millionen-, millionenfach fließendes Blut.« (AA 72)

Der im Sommer 1918 bereits absehbar verlorene Krieg würde Millionen, die noch als Soldaten im Krieg oder als Arbeiter in Rüstungsbetrieben beschäftigt waren, in die Arbeitslosigkeit entlassen: in die Langeweile. In die Kriegführung, in die Rüstungsproduktion waren Milliarden investiert worden. Man konnte es, etwas zynisch, auch als ein riesiges Arbeitsbeschaffungsprogramm bezeichnen. Wenn nach der Einstellung der Kampfhandlungen und der Heimkehr der Soldaten Arbeitslosigkeit, Langeweile und Aufsässigkeit unter den nicht mehr Kriegführenden vermieden werden sollte, dann musste etwas her, was diese Menschen nach dem Krieg beschäftigte – und was ebenso »erhebend« und ebenso »nutzlos« und unproduktiv wie der »Kampf fürs Vaterland« sein sollte. Tauts Vorschlag:

> »Predigt: seid friedfertig! Predigt: die soziale Idee. Ihr seid alle Brüder, organisiert euch. Ihr könnt alle gut leben, gut gebildet sein und Frieden haben. Eure Predigt verhallt, solange Aufgaben fehlen, Aufgaben die die Kräfte bis zum Äussersten, bis aufs Blut anspannen. Langeweile bringt Zank, Streit und Krieg. (…) Spannt die Massen in eine große Aufgabe ein, die sie erfüllt, vom Geringsten bis zum Ersten. Die ungeheuren Opfer an Mut, Kraft und Blut und an Milliarden verlangt. (…) Jeder sieht im Gemeinsamen das Werk seiner Hände: jeder baut – im wahrsten Sinne (…) Die Langeweile verschwindet und mit ihr der Zank, die Politik und das verruchte Gespenst Krieg.« (AA 72)

Nur eine Bedingung stellt er an das nutzlose Bauen:

»Es gibt nur noch rastloses mutiges Arbeiten im Dienst der Schönheit.« (AA 72)

Es geht ihm also nicht darum, den Veteranen und Kriegsbeschädigten Glaswohnungen auf den Bergspitzen zu bauen. Taut, obwohl Flachländer aus Ostpreußen, wusste sehr wohl, dass es in den Hochalpen sehr kalt, zu kalt sein würde. An der Spitze des Kreuzes, dort wo an Kruzifixen die Herrlichkeit Christi verkündet wird, stand bei Taut seine Verkündigung, seine Aufforderung:

»Völker Europas! Bildet Euch die heiligsten Güter – Baut!« (AA 72)

Ihm ging es darum, dass die Menschen im Bauen Schönes schaffen, im Bauen ihre Werte und heiligsten Güter ausdrücken und durch den Stolz auf das Geschaffene zu friedfertigen, glücklichen Menschen werden. Die Menschen müssen also etwas selber tun. Sie können nicht das »Heil erwarten (...) von göttlicher Gnade ohne eigenes Verdienst« – das geschieht nur den Protestanten, die, worauf Paulus im 2. Thimotheus-Brief (Kap.1, Vers 6) und nach ihm Luther nachdrücklich hingewiesen haben, das Heil nicht durch gute Werke, sondern allein durch den Glauben und Gottes Gnade erlangen werden.

Die »Alpine Architektur« mit ihrer Bekrönung der Alpenspitzen knüpfte an das vorhergehende, erste Werk Bruno Tauts an: Die »Stadtkrone«. 1917 erneuerte er – u. k. gestellt und in Bergisch-Gladbach bei der Ofenbau-Fabrik Stella beschäftigt – seine Vorkriegskontakte zu dem in der Nähe der Fabrik gelegenen Zweigbüro der Deutschen Gartenstadtbewegung. Die Gartenstadtbewegung, von England ausgehend, wandte sich vornehmlich gegen die Massenbebauung in Riesenstädten, weil in diesen Häuseragglomerationen der Mensch als Individuum, als Persönlichkeit unterging. Gartenstädte sollten städtische Zentren umgeben, mit diesen in Verbindung stehen, aber mit circa

30.000 Einwohnern über eigene politische, kulturelle, wirtschaftliche und schulische Zentren verfügen. Sowohl in Berlin (Falkenberg) als auch in Magdeburg (Reform) hatte Taut schon vor dem Krieg am Bau von Siedlungen mitgewirkt, der auf der Gartenstadt-Idee basierten.

In der »Stadtkrone« stellte er die Bauplanung für eine Stadt mit 300.000 Einwohnern vor. Ihren architektonischen Mittelpunkt sollte ein über allem aufragender gläserner Turmbau bilden. Der zweckfreie, »nutzlose« Kristallbau sollte, so Taut, »nur schön (sein) und in einem alle Künste wieder vereinigenden Innenraum das Sonnenlicht farbenprächtig verwandeln und den ›Kosmos‹ auf diese Weise gegenwärtig werden lassen« (SK, Umschlagtext).

In Deutschland und Mitteleuropa fand Taut die historischen Vorbilder für solche Stadtkronen in den gotischen Kathedralen.

> »Die Kathedrale mit ihrem wahrhaft unzweckmäßigen Schiff und dem noch unzweckmäßigerem Turm bleibt die eigentliche Stadtkrone« (SK 53).

Um sie – oder eine kleinere Kirche – herum sollten die gemeinschaftlich zu nutzenden Gebäude wie das Rathaus, das Kulturzentrum, das Theater, die Markthalle gebaut werden, und erst in weiteren Kreisen dann die Wohnhäuser.

Folgt man Taut, so hatten viele Städte auf der ganzen Welt sich um Stadtkronen herum entwickelt:

> »Der Dom, die Kathedrale über der alten Stadt, die Pagode über den Hütten der Inder, der ungeheure Tempelbezirk im Rechteck der chinesischen Stadt und die Akropolis über den schlichten Wohnhäusern der antiken Stadt – sie zeigen, dass die Spitze, das Höchste, die kristallisierte Anschauung Endziel und Ausgangspunkt (...) ist und ihr Licht auf alle die einzelnen Bauten bis zur einfachsten Hütte

> ausstrahlt (…) Von der Tiefe und Kraft der Lebensauffassung hängt im großen und ganzen nicht allein das Großgebaute ab, ihre Intensität, ihre Leidenschaft erzeugt erst das Schöne im Kleinen.« (SK 52)

Nun weiß auch Taut, dass das Christentum nicht mehr, vor allem aber nicht überall die große verbindende Idee sein kann.

> »Schinkels romantischer Zug führte ihn zu einem großen Domprojekt auf dem Templower Berge bei Berlin, aus dem Gefühl, endlich einmal etwas zu schaffen, was Sehnen und Hoffen der Menschen in Gemeinschaft zusammenführt. Doch die Anregung fand keinen Nachhall. In der neuen Stadt fehlt die Kirche. Auch die Gottesidee zerfließt wie die neue Stadt selbst« (SK 58).

> »Ohne Religion aber gibt es keine wahre Kultur, keine Kunst« (SK 59).

Wenn weder das Christentum noch eine andere Religion als verbindende Kraft taugt, so muss in seinen Augen eine neue gemeinschaftsbildende Idee her mit einer neuen ähnlich verbindenden Kraft. Taut findet sie in dem »sozialen Gedanken«:

> »Es gibt ein Wort, dem Arm und Reich folgt, das überall nachklingt und das gleichsam ein Christentum in neuer Form verheißt: der soziale Gedanke. Das Gefühl, irgendwie an dem Wohl der Menschheit mithelfen zu müssen, irgendwie für sich und damit auch für andere sein Seelenheil zu erringen und sich eins, solidarisch mit allen Menschen zu fühlen – es lebt, wenigstens schlummert es in allen. Der Sozialismus im unpolitischen, überpolitischen Sinne, fern von jeder Herrschaftsform, als die einfache schlichte Beziehung der Menschen zueinander, schreitet über die Kluft der sich befehdenden

> Stände und Nationen hinweg und verbindet den Menschen mit dem Menschen. – Wenn etwas heute die Stadt bekrönen kann, so ist es zunächst der Ausdruck dieses Gedankens« (SK 60).

Was allen dienen soll, muss aber auch den Willen aller ausdrücken. Schon in einem Aufsatz aus dem März 1914 für die »Sozialistischen Monatshefte« hatte er den möglichen Auftraggeber für eine solche »Stadtkrone« benannt. Es werden nicht die Höfe der regierenden Fürsten und nicht die Aristokratie sein, die zu einer Erneuerung der Architektur führen werden, sondern die Forderungen der gebildeten Massen, die führenden Persönlichkeiten der Arbeiterklasse.

> »Wenn wir im sozialen Gedanken die Möglichkeit der Stadtkrone sehen, so müssen wir untersuchen... Was will die Volksmasse heute, was tut sie?“ (SK 61)

Er erkennt zwei Aktivitäten:

> »Das Vergnügen und den Gemeinschaftsdrang. (...) Der Wunsch nach Vergnügen, der die Menschen in solch ungeheuren Massen in die Theater treibt, dieser Drang darf keinesfalls als roher Unterhaltungstrieb gedeutet werden, sondern es steckt in ihm der Schrei der Seele nach dem Höheren, nach Erhebung über das Alltagsdasein (...) Die andere Seite des Volkstriebes, die in Volkshäuser führt (...) ist der Wille, sich an der Gemeinsamkeit zu bilden, und sich mit der Mitwelt eins, als Mensch unter Menschen zu fühlen.« (SK 62)

Um die Stadtkrone sollen sich deshalb vier große Bauten gruppieren,

> »auf welche die ... erwähnten sozialen Tendenzen zielen und welche eine Stadt für künstlerische und Unterhaltungszwecke braucht.«

Die Bauten sind:

> »ein streng nach der Sonne orientiertes Kreuz bildend, bestehend aus Opernhaus, Schauspielhaus, großem Volkshaus oder Saalbau und kleinem Saalbau (SK 64) ... Die obere Bekrönung bildet das Massiv der vier großen Bauten, als sichtbarer, in seiner Kreuzform symbolischer Ausdruck der Erfüllung. Die sozial gerichteten Hoffnungen des Volkes finden hier auf der Höhe ihre Erfüllung. Das Drama, das Musikspiel gibt den hier vereinten Menschen den Seelenschwung, den sie im Alltagsleben ersehnten, und die Zusammenkunft in den Volkshäusern läßt sie fühlen, was sie als Menschen einander zu geben haben, und führt den Herdentrieb, die Urkraft des Zusammenschlusses, zur Veredelung.« (SK 66)

Doch Taut steigert die Erhöhung noch:

> »Das Kreuz dieser vier großen Bauten ist die obere Bekrönung der gesamten Baugruppe; aber dieses Baumassiv ist allein noch nicht die Krone. Es ist erst Sockel für ein höchstes Bauwerk, das, ganz vom Zweck losgelöst, als reine Architektur über dem Ganzen thront. Es ist das Kristallhaus, das aus Glas errichtet ist, dem Baustoff, der Materie und doch mehr als gewöhnliche Materie in seinem schimmernden, transparenten, reflektierenden Wesen bedeutet (...) Das Haus enthält nichts als einen wunderschönen Raum (...) Doch wie soll man auch nur andeutungsweise schildern, was man nur bauen kann! Alle innigen und alle großen Empfindungen sollen hier wach werden, wenn das volle Sonnenlicht den hohen Raum übergießt und sich in zahllosen freien Reflexen bricht oder wenn die Abendsonne die obere Deckenwölbung erfüllt und mit ihrem roten Schein die reiche Farbigkeit der Glasbilder und plastischen Arbeiten vertieft« (SK67/68).

> »soll Träger eines kosmischen Empfindens werden, einer Religiosität, die nur ehrfürchtig schweigen kann. Es steht aber nicht isoliert da, sondern wird getragen von Bauten, welche den edleren Regungen des Volkes dienen (...) Wie früher Jahrmarkt und Kirchweih vor der Kirche, so hier Realistik und Lebensfreude um den Kristall. Der Glanz, das Leuchten des Reinen, Transzendentalen schimmert über die Festlichkeit der ungebrochen strahlenden Farben. Und als ein Farbenmeer breitet sich der Stadtbezirk ringsumher aus, zum Zeichen des Glücks im neuen Leben.« (SK 69)

Als letzte der vier utopischen Publikationen Tauts erscheint nach der »Stadtkrone«, der »Alpinen Architektur« und dem »Weltbaumeister« 1920 »Die Auflösung der Städte« – in sehr niedriger Auflage. Das Werk besteht aus 30 Zeichnungen. Auffällig ist vor allem, dass Taut an der Stadt als Zentrum festhält. Doch er konzipiert sie nicht mehr, wie noch in der »Stadtkrone«, als Großstadt mit 300.000 Einwohnern, sondern er löst sie auf in »Gartenstädte« mit Einheiten zu jeweils etwa 30.000 Einwohnern, die sich um ein Zentrum gruppieren.

Diese Einwohnerzahl hält er für erforderlich, um eine sinnvolle, sowohl dem Vergnügen als auch der Gemeinschaftsbildung dienliche Größe zu bilden. So sollen die um ein Zentrum gruppierten Städte über alle notwendigen Infrastruktureinrichtungen wie Schulen, Ämter, Kinos, Einkaufsmöglichkeiten, Saalbauten, Versammlungsstätten usw. verfügen. Gleichzeitig sollen sie aber an ein Zentrum verkehrstechnisch zufriedenstellend angeschlossen sein. Außerdem sollen sich die Städte in die Landschaft einpassen. Die Landschaft soll also nicht mehr, wie in der »Alpinen Architektur« durch Bauten und andere Eingriffe verändert und verbessert werden. Und ferner soll genügend Raum vorhanden sein, um mit der Gemeinde Feste unter freiem Himmel feiern zu können.

Auch in der »Auflösung der Städte« geht es darum, das »Glück zu bauen« – und Taut ist überzeugt und wirbt dafür: »Wir schaffen das!« Die Hoffnung auf eine sozialistische Weltordnung, in der die kapitalistischen, menschenunwürdigen Eigentumsverhältnisse überwunden werden, gibt er in den folgenden Jahren nicht auf und hofft auf ihre Realisierung in der Sowjetunion. So zitiert er in einem Aufsatz aus dem Jahre 1927 Tolstoi:

> »Warum gehört der Boden nicht demjenigen, der darauf arbeitet, sondern dem, der nicht arbeitet. Das Grundeigentum der Nichtarbeitenden ist darum ungerechtfertigt, weil der Boden ebenso wie das Wasser, wie die Luft, die Sonnenstrahlen eine notwendige Lebensbedingung eines Menschen sind.« (AdK 29)

Die bereits genannten vier Werke stammen aus der Zeit des Krieges und danach, also aus den Jahren 1916 bis 1920. Sie sind eine Verarbeitung der Kriegsgräuel, eine Vision, die Welt durch eine neue Art des Bauens, durch eine klare, transparente, schöne, farbige Architektur zu verbessern. Sie sind Ausdruck der Hoffnung, dass die alten politischen Mächte untergehen und die soziale Idee, der Sozialismus eine neue gebildete Arbeiterschicht zu den Gestaltern einer neuen Gesellschaftsordnung machen wird. Das fünfte kleine Buch ist zum Zeitpunkt seines Erscheinens ebenfalls noch eine Utopie, jedoch eine der Verwirklichung deutlich nähere: Es heißt »Die neue Wohnung« mit dem Untertitel »Die Frau als Schöpferin« und erscheint 1924, zwischen Tauts Tätigkeit als Stadtbaurat in Magdeburg (1921-1924) und seiner Verpflichtung für die GEHAG in Berlin 1924. Es ist das Herunterbrechen der Ideen des »Weltbaumeisters« auf die Konkretisierung des »sozialen Gedankens« im Siedlungsbau für die bislang bevormundeten Massen. Das Büchlein wird rasch zum Renner und erscheint noch im selben Jahr in zweiter Auflage.

Taut entwickelte das Konzept der »neuen Wohnung« aus der Kritik an der bürgerlichen Wohnung der Kaiserzeit, in die, so Taut, »der Krimskrams und Tingeltangel des Vielerlei mit dem Aufschwung der 70er, 80er Jahre seinen Einzug in die Wohnungen hielt.« (NW12) Die Salons wurden als »gute Stuben« nur zu besonderen Anlässen betreten, fielen also als Wohnraum im engeren Sinne aus und verteuerten so den nutzbaren Wohnraum. Diesen Geschmack zu ändern, stieß jedoch auf erheblichen Widerstand. Denn sobald sich Arbeiter aus dem fünften Hinterhof in Kreuzberg befreien konnten, neigten sie dazu, diesem bürgerlichen Wohnungsideal nachzueifern.

> »Die Wirkung des Vorbildes geht nicht von unten nach oben, sondern umgekehrt. Das Dienstmädchen putzt sich gern so heraus, wie es die Dame tut, und der Arbeiter kann in seinem Heim nicht bürgerlich genug werden.« (NW46) »Was der eine in Marmor, besitzt der andere in Gips, das Ölbild des bedeutenden Meisters im Prunksaal des Fürsten schmückt als Ölfarbendruck die Zimmerwand des Arbeiterheimes.« (NW 13)

Unter Verweis auf frühere Zimmerausstattungen in Deutschland einerseits und durch die Darstellung insbesondere japanischer Inneneinrichtungen andrerseits kritisiert er die pseudohistorisierende wilhelminische Wohnungsgestaltung.

Doch die utopische Vision Tauts kam in diesem Büchlein nicht nur in der Beschreibung einer übersichtlichen und von Staubfängern und Nippes freien Wohnung zum Ausdruck. Allein das war schon revolutionär. Doch Taut verband mit der neuen Architektur ja auch die Vorstellung von einer Veränderung und Verbesserung der Menschen und ihres Zusammenlebens. So wagte er die – sich bis heute vielfach als utopisch erweisende – Prognose: [In der Neuen Wohnung] »wird auch die Mithilfe aller Hausgenossen einbegriffen sein, in dem Sinne, dass jeder,

Waldsiedlung Zehlendorf, Eingang Mehrfamilienhaus mit »Katzenfenster« (rechts).

der Mann und die Kinder, selbst mit seinem Teil Bett, Waschtisch usw. so in Ordnung bringt, wie es nötig ist.« (NW66)

Mit diesen Zitaten aus dem fünften seiner utopischen Werke verlasse ich den Visionär Taut. Was wurde von diesen »Utopien« in Berlin in »harte Dinge« umgesetzt und was nicht?

Weder eine »Kristallkuppel« noch eine gläserne vielfarbige »Stadtkrone« findet sich in den von Taut geplanten Siedlungen. Konzentrieren wir uns jedoch auf die beiden zentralen Eigenschaften, die in diesen Bauten und Siedlungen Gestalt annehmen sollten, so finden wir sehr handfeste Realisierungen der Utopien. Taut will schön, und das heißt: farbig und »nutzlos« bauen. Hinsichtlich der Schönheit und Farbigkeit wird jeder zustimmen, dass er diese Eigenschaften an seinen

Bauten, und zwar vor allem in der Onkel-Tom-Siedlung/Waldsiedlung Zehlendorf, verwirklicht hat.

Bleibt die Nutzlosigkeit. Und auch das ist ihm gelungen: Denn Schönheit und Farbigkeit sind zunächst einmal beide »nutzlos«. Nicht »sinnlos«. Wohnen lässt sich in den Häusern mit den wechselnden Farben an den Hauswänden und hinter in Form und Farbe unterschiedlich gestalteten Fenstern und Türen; wohnen lässt sich aber auch hinter einfarbigen Türen und einförmigen Fenstern, die nach 1933 in Zehlendorf in unmittelbarer Nachbarschaft von der »gegnerischen« Wohnungsbaugesellschaft, der Gagfah, geführt vom antisemitischen Deutschnationalen Handlungsgehilfenverband, gebaut wurden. Weder wirken die Farben auf Insekten abstoßend noch sind sie besonders wärmespeichernd. Und ob die bei den Taut-Häusern auffallend unterteilten Küchenfenster schon als Katzeneinstiege geplant waren, ist ungewiss.

In dem nahezu dreihundert Meter langen »Peitschenschlag«, jahrzehntelang nach dem Zweiten Weltkrieg ein grauer Wohnblock, hat sich durch die erneuerte farbige Gestaltung weder die Raumaufteilung in den Wohnungen verändert noch haben sich die Heizkosten verringert. Also streng ökonomisch war das völlig nutzlos. Und dennoch war die Restaurierung wichtig, wichtig für das Wohngefühl der Menschen, die dort leben, wie auch für jene, die täglich daran vorbeigehen oder -fahren. Für das »Glück« aller.

Damit komme ich zur nächsten »Vision«: Glück kann man bauen. Doch wissen der Architekt und die Architektin nicht aus sich heraus, was die einzelnen Bewohner »glücklich« macht. Sie müssen mit den Menschen reden, bevor sie deren »Glück« bauen können. Die »soziale Idee« setzt zu ihrer Verwirklichung voraus, Ideen vorzustellen und sie mit denen, die beglückt werden sollen, zu diskutieren, ihnen zuzuhören, sie ernst zu nehmen und die Pläne gegebenenfalls zu modifizieren.

Taut hat kommuniziert wie kein anderer Baumeister vor ihm. Während seiner Magdeburger Zeit diskutierte er häufig wöchentlich auf

Versammlungen in Gaststätten und Sporthallen mit den Bürgerinnen und Bürgern, versuchte, sie zu überzeugen, vor allem aber hörte er ihnen zu. Nur so war die Vision zu verwirklichen, dass die Bauaufträge nicht mehr von den »regierenden Höfen und der Aristokratie« kommen sollten, sondern von den nun auch in Baufragen gebildeten Arbeitern und Arbeiterinnen, ja, dass der Architekt selbst zum Teil der »Arbeiterbewegung« – die nicht nur aus Arbeitern und Arbeiterinnen bestand und besteht – wurde.

Am deutlichsten wird dies hinsichtlich seiner Haltung zu den »Kommunehäusern«, in denen die Befreiung der Frau von Hausarbeiten durch Gemeinschaftsküchen, Gemeinschaftsspeisesäle, Gemeinschaftswaschküchen, Gemeinschaftsbäder, Gemeinschaftsfreizeiräume usw. gelingen sollte. Sie waren in den 1920er-Jahren in der Sowjetunion die bevorzugte Form des Wohnungsbaus. Noch heute sind Häuser dieser Art zum Beispiel in St. Petersburg und Moskau in Gebrauch. Taut wandte sich bereits in den frühen 1920er-Jahren gegen diese Wohn-Unart. Er warnte vor den rein funktionalistischen Vorstellungen vom Wohnen. Für derartige Häuser und Wohnungen müsse man die »Bewohner erst konstruieren.« (DAV 158)

Die Schrift »Die neue Wohnung« verdeutlichte seine Position: Sollte die neue Wohnung durch ihre Gestaltung dazu beitragen, die Menschen frei und selbstbewusst, sie und ihn zu handlungsfähigen Bürgerinnen und Bürgern zu machen, so musste der Wohnraum – abgesehen von Küche, Bad und WC – von Nutzungsvorgaben frei sein. Tauts Freund und Förderer Martin Wagner hatte gar die »Dauerhaftigkeit von Bauten« als ein »Hemmnis für den Erneuerungsprozess« identifiziert. Die Dynamik des Wandels auf allen Gebieten – Stadtentwicklung, Lebensdauer von Gebäuden, Verkehr, Kapitalfluss, aber auch die Familienentwicklung – verbiete nach Wagners und Tauts Vorstellungen feste, vom Architekten vorgegebene Zweckbindungen (MW 6).

Deshalb musste die Wohnung je nach Bedarf – Kinder werden älter und ziehen aus – für unterschiedliche Zwecke nutzbare Räume haben. Auch musste die Siedlung aus ihrer Anlage heraus die Kommunikation der Menschen miteinander zulassen, ja fördern, auch das gemeinsame Feiern. Und schließlich musste die Wohnung bezahlbar sein. Aber wie groß sollte eine Kleinstwohnung sein, in der menschenwürdig gelebt werden kann? Obwohl Taut einer der Protagonisten des rationalisierten Grundrisses war, stellte er sich seit 1928 vehement gegen die mathematisch erarbeitete Kleinstwohnung (25 Quadratmeter). Taut vertrat den Standpunkt, dass auch in der kleinsten Wohneinheit Mindestanforderungen zu erfüllen seien wie Küche, Bad und WC als selbstständige Räume und ein Balkon. Dabei dürften 12 Quadratmeter pro Raum, für die Wohnung insgesamt 45 Quadratmeter nicht unterschritten werden (DAV 243). Eine Wohnung, die der Würde der daran lebenden Menschen nicht gerecht würde, wäre weder »schön« noch »sozial«.

Wenn wir heute das Gefühl haben, diese tiefgreifende gesellschaftliche Veränderung sei noch nicht ganz gelungen, auch nicht im Wohnungsbau, so könnte, nach Taut, der Grund in Folgendem liegen:

> »Der Mann« – Architekten waren zu der Zeit wohl nur in der männlichen Variante vorstellbar – »der Mann wird das neue Haus erst bauen können, nachdem auch sein Weg durch die Erlösung der Frau frei geworden ist.« (NW 99)

Und so weit sind wir wohl noch nicht.

Eine Konsequenz aus seinen utopischen Gedanken ist besonders hervorzuheben, und sie zeigt, dass Taut die elitistischen Vorstellungen der Jahre vor 1921 mit der baulichen Umsetzung der »sozialen Idee« und seiner Hinwendung zur Sozialdemokratie, die nicht mit einer Mitgliedschaft verbunden war, aufgab: Taut will durch Bauen, durch Architektur die Menschen und die Gesellschaft verändern, verbessern. Sein

Anspruch ist ein gesellschaftlicher, ein sozialpolitischer. Die »Stadtkrone« ist nicht ein einzelnes Bauwerk. Als solches wäre sie nicht nur nutzlos, sondern vor allem sinnlos. Sie war für Taut nur denkbar als Krönung einer Siedlung, eines Ortes, einer Stadt, als Treffpunkt.

Zwar hat Taut auch Einzelhäuser geplant und gebaut, zum Beispiel seine eigenen in Berlin und Istanbul. Aber dies waren eher Fingerübungen. Wenn er sozial, gesellschaftlich wirken wollte, dann musste er für viele Menschen bauen und in Siedlungen, in Städten denken. Und solche Siedlungen, solche Städte baut man nicht allein. Für Taut gehören Maler, Bauleute, Techniker stets dazu. Er lehnte es deshalb ab, Bauten mit seinem Namen zu versehen. Es ist unvorstellbar, den Namen Taut – wie etwa den von Le Corbusier – mit einem großen Haus (Marseille) oder einer Kirche (Ronchamps) zu verbinden. Nicht zuletzt deshalb ist man sich in der Türkei bis heute noch nicht sicher, ob man alle nach seinen Vorgaben gebauten Objekte wirklich verzeichnet hat.

Literaturangaben zu den Abkürzungen

DVA: Winfried Nerdinger und Kristiana Hartmann, Matthias Schirren, Manfred Speidel (Hrsg.): Bruno Taut. Architekt zwischen Tradition und Avantgarde, Deutsche Verlags-Anstalt Stuttgart/München, 2001

AS: Bruno Taut: Die Auflösung der Städte oder Die Erde eine gute Wohnung, Folkwang-Verlag, Hagen 1920

FL: Bruno Taut: Frühlicht 1920–1922. Eine Folge für die Verwirklichung des neuen Baugedankens, Ullstein Bauwelt Fundamente 8, Frankfurt – Berlin 1963

SK: Bruno Taut: Die Stadtkrone, mit Beiträgen von Paul Scheerbart, Erich Baron, Adolf Behne, Gebr. Mann Verlag Berlin 2002

NW: Bruno Taut: Die Neue Wohnung. Die Frau als Schöpferin. 2. Auflage, Verlag von Klinkhardt und Biermann, Leipzig 1924 (NW)

AdK: Akademie der Künste: Bruno Taut 1880–1938, Akademie Katalog 128. Berlin 1980

AK: Akademie der Künste: Arbeitsrat für Kunst 1918–1921, Akademie der Künste 129, Berlin 1980

MW: Akademie der Künste: Martin Wagner 1885–1957. Wohnungsbau und Weltstadtplanung. Die Rationalisierung des Glücks. Akademie-Katalog 146, Berlin 1986

AA: Matthias Schirren: Bruno Taut Alpine Architektur. Eine Utopie/A Utopia. Prestel-Verlag München/Berlin/London/New York 2004

3 Martin Wagner – der sozialistische Manager

Von Königsberg nach Berlin 1885–1920: Die Entwicklung des Stadtplaners Wagner

Martin Wagner wurde am 5. November 1885 in Königsberg geboren. Seine Vorfahren waren Salzburger Protestanten und hatten 1732 in Ostpreußen Asyl bekommen. Der Berufswunsch des Abiturienten: Chirurg. Doch das Sezieren gefiel ihm dann doch nicht oder, wie sein Sohn Bernhard in der Biografie über seinen Vater schrieb: »Anstatt Leichen auseinanderzunehmen, entschloss er sich, lieber Häuser zusammenzusetzen.« Anders als Bruno Taut, der nach dem Abitur an der dortigen Baugewerkschule, einer heutigen »Technische Fachhochschule« vergleichbar, seine Architekturausbildung 1897 begann und 1901 abschloss, verließ Wagner nach dem Abitur Königsberg und studierte ab 1905 an der Technischen Hochschule Charlottenburg, vor dem Ersten Weltkrieg die einzige Technische Hochschule im Deutschen Reich im Rang einer Universität, das heißt mit Promotionsrecht.

Martin Wagner war von dem Studium nicht besonders begeistert. Die praktische Tätigkeit im Berliner Atelier von Hermann Muthesius (1. Juli 1908 bis 28. Februar 1909) sagte ihm sehr viel mehr zu, so dass er den Abbruch des Studiums erwog. Doch er setzte sein Studium in

Dresden fort, erweiterte seine Studienprogramm um die Bereiche Städtebau und Volkswirtschaft und schloss dort das Studium 1910 als Diplom-Ingenieur ab. Er kehrte zunächst nach Berlin zurück und begann seine berufliche Laufbahn in der Hochbauabteilung der Gemeinde Weißensee (Oktober 1910 bis Februar 1911), bevor er eine vergleichbare Tätigkeit bei der Stadt Hamburg (März bis September 1911) aufnahm. Bereits ein Jahr nach seinem Examen, am 1. Oktober 1911, wurde er Leiter des Städtischen Bauamtes der Stadt Rüstringen. Heute ist Rüstringen ein Teil der Stadt Wilhelmshaven. Im gleichen Jahr heiratete er die aus hugenottischer Familie stammende Lehrerin Gertrud Sandow. Unter ihrem Namen wird er 1934, als er bereits Publikationsverbot hatte, seinen letzten Artikel in einer deutschen Fachzeitschrift veröffentlichen.

Die Flottenpolitik Kaiser Wilhelm II. hatte die Werften in Rüstringen wachsen lassen. Davon profitierten nicht nur die Werfteigner, sondern auch die Werftarbeiter. Die Lohnsteigerungen in der norddeutschen Werftindustrie waren so erheblich, dass sich zum Beispiel die »Ehrbaren Kaufleute« im benachbarten Hamburg gezwungen sahen, die Mindesteinkommensgrenze zur Erlangung des kommunalen Wahlrechts 1906 drastisch zu erhöhen, um die Zahl der proletarischen Wähler – und damit den Einfluss der Sozialdemokratie – gering zu halten. Erst 1918 war mit solchen Manipulationen dank der Verankerung des allgemeinen und gleichen Wahlrechts für Frauen und Männer in der Weimarer Verfassung Schluss.

Die Verbesserung der Einkommenssituation konnte immerhin einige soziale Mängel mindern. Rüstringen verfügte über größere gemeindliche Flächen, hatte von städtischen Baufirmen darauf Zweifamilienhäuser bauen lassen und diese an Interessenten verkauft. Bislang hatten davon jedoch nur Mittelständler profitiert. Nun sollten nach Wagners Vorstellungen auch Werftarbeiter und ihre Familien in den Genuss von Eigenheimen kommen. Voraussetzung war allerdings, dass die Baukosten drastisch gesenkt werden konnten. Wagners Plan: Häuser und Wohnungen nach einem einheitlichen Muster zu bauen. Das würde zum einen Architektenhonorare sparen, die bis zu 10 Prozent der Baukosten ausmachten, zum zweiten könnten Bauteile vorgefertigt werden und zum dritten sollten die am Bau tätigen Arbeiter für die jeweiligen Bauabschnitte spezialisiert, das heißt fortgebildet werden, was ihnen erlauben würde, die Arbeiten zunehmend kompetenter, qualitativ besser und zeiteffizienter auszuführen. Wenn diese fachlich besser qualifizierten Bauarbeiter 50 oder wie später 500 und mehr gleichartige Häuser und Wohnungen bauten, würden sich sowohl das Bautempo als auch die Qualität steigern und zudem die Baukosten senken lassen. »Rationalisierung« wurde zu Wagners Leitbegriff.

Martin Wagner.

Der Kampf für eine gemeinnützige Bauwirtschaft

Quantität, Bautempo und Qualität waren nach Wagners Vorstellungen nicht unvereinbar, sondern beförderten im Gegenteil einander, insbesondere bei Großprojekten.

Solche Großprojekte ließen sich eher in einer Großstadt realisieren. Und weil ihn die lokale Presse in Gestalt des »Wilhelmshavener Tageblatts« wegen seiner Feuilletons, die er im sozialdemokratischen »Norddeutschen Volksblatt« veröffentlichte – Wagner hatte das, was man »eine gute Schreibe« nennt –, ständig attackierte, nahm Wagner nach knapp drei Jahren 1914 das Angebot an, »Atelierleiter« – beim »Verband Groß-Berlin« zu werden, mit dem die Bildung der neuen Stadt Groß-Berlin vorbereitet – oder aber, wenn es nach der preußischen Provinzialregierung ging, vermieden – werden sollte.

An dieser Stelle sei eine kurze Bemerkung zur Entstehung von »Groß-Berlin« erlaubt: Schon bald nach der Reichseinigung 1871 erschien es angebracht, sich hinsichtlich der Hauptstadt dieses Reiches und der in ihrem Umkreis rasant wachsenden Industrien Gedanken über eine engere Zusammenarbeit mit den umliegenden Städten und Dörfern zu machen. Ein erster Vorstoß zur Bildung eines besonderen Kommunalverbandes, am liebsten einer eigenen Provinz, wurde vom Berliner Oberbürgermeister Arthur Hobrecht angeregt und von Reichskanzler Bismarck dem auf Basis des Drei-Klassen-Wahlrechts gebildeten Provinziallandtag vorgelegt. Der Vorstoß scheiterte 1877/78 am Widerstand der Mehrheit von Großagrariern und Großindustriellen, dem »Bündnis von Roggen und Eisen«. Werner Hegemann schreibt darüber in seinem Buch »Das steinerne Berlin«: »Sie waren mächtig in den Landkreisen rund um das alte Klein-Berlin, dessen Vorteile und Bodenpreissteigerungen sie genießen wollten, ohne die damit verbundene Steuerpflicht zu teilen.«

Arthur Hobrecht war seit 1872 Berliner Oberbürgermeister. Zu seinen unbezweifelbaren Verdiensten gehört, dass er gemeinsam mit dem Mediziner und Politiker Rudolf Virchow dafür gesorgt hat, dass sein Bruder James Hobrecht mit dem Aufbau eines Abwassersystems für Berlin beauftragt wurde. Zum Ende des Jahrhunderts zählte Berlin zu den saubersten Städten der Welt.

Die preußische Provinzialregierung – die Regierung der Provinz Preußen im deutschen Teilstaat Preußen –, nicht immer aufseiten des Reichskanzlers, betrieb hingegen tatkräftig die Isolation Berlins. Wer als Nachbargemeinde seine Abneigung gegenüber Berlin deutlich genug zum Ausdruck brachte, erhielt sozusagen als Belohnung das Stadtrecht und als Zugabe ein prächtiges Rathaus. Zwischen 1894 und 1916 wurden 15 teils bombastische Rathäuser gebaut, und zwar in Lichterfelde 1894, Wilmersdorf 1894, Steglitz 1897, Lichtenberg 1898, Wannsee 1901, Schmargendorf 1902, Pankow 1903, Charlottenburg 1905, Köpenick 1905, Reinickendorf 1911, Nikolassee 1913, Spandau 1913, Neukölln 1914, Schöneberg 1914 und Friedenau 1916. Es sollte vermieden werden, dass mitten in Preußen die Sozialdemokratie eine machtvolle Position mit gefährlicher Ausstrahlungskraft erhielt. Eine Art Pufferzone sollte die unter der Oberhoheit »ostelbischer Junker« stehende Provinz vor solchen Einflüssen bewahren.

Die Umlandgemeinden warben vor allem mit »Steuerfreiheit«. Eine »steuerfreie Stadt« versprach zum Beispiel Frohnau noch 1910 den neuen Siedlern: keine Kommunalsteuer, keine Umsatzsteuer. Deshalb waren auch die inzwischen hier und in anderen Umlandgemeinden ansässig gewordenen vermögenden Bürger, nicht nur Großagrarier, auch Industrielle, geschlossen gegen die Großgemeinde. Als es dann so weit war mit Groß-Berlin, sorgten aber die eingemeindeten Stadtteile mit ihren eher wohlhabenden Bürgerinnen und Bürgern dafür, dass sich bei Wahlen zur Groß-Berliner Stadtverordnetenversammlung die wirtschaftsnahen und national-konservativen Kräfte – zeitweise – durchsetzen konnten. In einigen Bezirken erreichten sie stabile Mehrheiten zur Obstruktion der Senatspolitik. Zur Klarstellung: Hier ist von 1920, nicht von 2020 die Rede.

Doch die Zeiten liefen mittelfristig gegen das Bündnis von »Roggen und Eisen« und die Trittbrettfahrer-Gemeinden. Bereits 1908 hatte die noch heute bestehende Architekten- und Ingenieursvereinigung (AIV) einen »Planungs-Wettbewerb Groß-Berlin« ausgeschrieben, bei dem es darum ging »was wäre, wenn« die schon nicht mehr abgrenzbaren Städte wie Charlottenburg, Spandau, Köpenick und die Landkreise Teltow und Niederbarnim gemeinsam mit (Klein-)Berlin einen Planungsgroßraum bildeten. 1912 kam es schließlich zur Kooperation in einem »Zweckverband Groß-Berlin«.

Am 1. Juni 1914, zwei Monate vor Kriegsbeginn, begann Martin Wagner seine Tätigkeit im Zweckverband. Seine Aufgabe bestand in der Aufstellung von Bebauungsplänen für den Bezirk Teltow, in der Freiflächenplanung und in der Verkehrsplanung. Aus dem Architekten, der er in Rüstringen noch war, wurde Schritt für Schritt der Stadtplaner.

Der Zweckverband Groß-Berlin war auch gebildet worden, um den Verkauf großer Flächen in den »Vororten« zu bremsen und stattdessen vor allem Wälder für Erholungszwecke der wachsenden Stadtbevölkerung zu sichern. Nach langen Verhandlungen kam es im März 1915 zum Ankauf von 10.000 Hektar Wald zum Preis von 50 Millionen Goldmark vom preußischen Staat. In dem Vertrag wurde bestimmt, dass der Waldbestand in seiner Summe zu erhalten sei, das heißt bei Veräußerungen Ersatzflächen gleichen Umfangs zu schaffen seien. Der Waldbestand des Verbandes wurde bis 1920 auf rund 21.500 Hektar vergrößert. Der Großteil der 18 Prozent Waldfläche im heutigen Berlin geht auf dieses auch »Dauerwaldvertrag« genannte Abkommen zurück.

Wie notwendig der Erwerb solcher Grünflächen durch die Kommunen sei, wie viel Quadratmeter »Grünfläche« auf einen Quadratmeter Wohnfläche kommen und wie dieser Erwerb finanziert werden sollte – damit beschäftigte sich Wagner eingehend in seiner auf seinen bisherigen Erfahrungen basierenden Dissertation »Das sanitäre Grün der Städte. Ein Beitrag zur Freiflächentheorie«. Mit dieser Arbeit wurde er zehn Monate nach seinem Amtsantritt im Februar 1915 an der TH Charlottenburg promoviert. Dabei unterschied er zwei Sorten von »Grün«. Das »dekorative Grün«, nur fürs Auge und gekennzeichnet durch die bekannten Schilder »Betreten der Rasenfläche verboten«, und das »sanitäre Grün«, das der Gesundheit der Bewohnerinnen und Bewohner zugutekommen sollte, also vornehmlich Spiel- und Sportplätze sowie Parkanlagen mit Bänken. Diese sollten von Kindern, Jugendlichen und Erwachsenen in – je nach Alter – 10 bis 30 Minuten zu Fuß erreichbar sein. In 20 bis 30 Minuten sollte, bei Nutzung öffentliche Verkehrsmittel, auch ein Stadtwald zugänglich sein.

Mit den Kosten solcher Flächen (»Wer zahlt?«) hatte es seine besondere Bewandtnis. Neue Ansiedlungen entstanden in der Regel auf großen, ehemals zu land- und forstwirtschaftlichen Zwecken genutzten Flächen. Bebaut werden konnte davon nur ein Teil. Damit die gebauten Wohnungen, Geschäfte und Betriebe genutzt werden konnten, bedurfte es der öffentlich finanzierten Infrastruktur: Straßen, Be- und Entwässerung, Stromzuführung, Spiel- und Sportplätze. Als Gegenleistung wurde die Fläche, so war es in Preußen geregelt, den Gemeinden kostenlos übereignet. Die Höhe des an die Kommunen ohne Entschädigung abgetretenen Platz- und Straßenlandes, so schätzt ein von Wagner zitierter »Fachmann des Groß-Berliner Terraingewerbes«, betrage zwischen 25 und 50 Prozent der Gesamtfläche. Bei einer Umlage dieses »geschenkten« Landes auf den Preis des Baulandes würden, so Wagners Berechnungen, die Baulandpreise dennoch in erschwinglichen Höhen verbleiben.

Würden diese Freiflächen als »sanitäres Grün« genutzt, sei auch gegen vier- und fünfstöckigen Wohnhausbaus – das war üblich in den Massenquartieren mit mehreren Hinterhöfen zur Erzielung des höchstmöglichen Profits – nichts einzuwenden, allerdings, so Wagner, nur »bei nicht mehr als 8 beziehungsweise 10 Wohnungen an einem Treppenhaus und unter Wegfall längerer Seitenflügel und Hinterhäuser« und »wenn der Mensch keinen geringeren Umfang von Licht und Luft und das gleiche Ausmaß an freiem Bewegungsraum erhält wie in dem drei- oder zweistöckigen Mietshaus«. Als Berechnungszahlen gab Wagner nach der Auswertung zahlreicher in- und ausländischer Beispiele und Vorgaben an, dass pro 1 Quadratmeter Wohnfläche 20 Quadratmeter Grünfläche angemessen seien. Das war durchaus nicht unangemessen. Denn für die Bemessung dieser Nutzflächen, auch Fluchtlinien genannt, sei, so schrieb § 3 des Fluchtliniengesetzes vom 2. Juli 1875 vor, »auf die Förderung des Verkehrs, der Feuersicherheit und der öffentlichen Gesundheit Bedacht zu nehmen«.

Während er in Rüstringen mit bereits der Gemeinde gehörenden relativ kleinen Flächen planen konnte, ging es nun um Siedlungen größeren Ausmaßes mit mehreren hundert Wohnungen, für die Grundstücke zu möglichst niedrigen Preisen zu erwerben waren. Das brachte ihn in Kontakt – und Konflikt – mit den »Terraingesellschaften«, die zunächst eher im Umland, doch nach der Bildung Groß-Berlins auch innerstädtisch den Ton angaben. Terraingesellschaften hatten in großem Stil Grund und Boden im Berliner Umland erworben und errichteten um die Jahrhundertwende für die wachsende Bevölkerung schlüsselfertige Wohnviertel, vorwiegend, aber nicht nur, für das zahlungsfähige Bürgertum. Wagner befasste sich intensiv mit den personellen und wirtschaftlichen Verbindungen der Berliner Terraingesellschaften, hinter denen zumeist Banken und ihre vermögenden Kunden standen, und wurde in Wort und Schrift ihr politischer Gegner.

Vor Kriegsende warb ihn die noch selbstständige Stadt Schöneberg ab und berief ihn zum Stadtbaurat mit Wirkung vom 1. Juli 1918. Doch seine Amtszeit dauerte nur kurze Zeit. Nach der Bildung Groß-Berlins am 1. Oktober 1920 und der Angliederung von 7 bis dahin selbstständigen Gemeinden, unter ihnen Schöneberg, 59 Landgemeinden und 27 Gutsbezirken, wäre er nur noch ein »Nachgeordneter« gewesen. Aber er eignete sich nicht zum »weisungsgebundenen Kommunalbeamten«. Er hatte sich das theoretische Rüstzeug für Größeres erarbeitet. Nun ging es ihm darum, seine Vorstellungen zu verwirklichen, und zwar als Regisseur. Er hatte eine Mission.

Die SPD bot ihm an, ihr Kandidat für das Amt des bezahlten Stadtbaurats für das Wohnungs- und Siedlungswesen im neuen Groß-Berlin zu werden. Der Senat bestand aus insgesamt maximal 30 Stadträten, von denen 12 ehrenamtlich, also unbesoldet tätig sein sollten. Doch er

Flugblatt der SPD, Wahl zur Stadtverordnetenversammlung 1929.

lehnte ab. Dafür gab es mehrere Gründe. Zum einen führte die große Zahl der Stadträte dazu, dass jedem – Frauen gab es keine, weder unter den Haupt- noch unter den Nebenamtlichen – von ihnen nur kleine Aufgabengebiete zugeteilt wurden. Wagner aber betrachtete es, wie Ludovica Scarpa in ihrer Biografie »Martin Wagner und Berlin« hervorhob, als seine vornehmste Aufgabe, das gesamte Wohnungsbaugeschehen im Sinne des preußischen Absolutismus zentral zu steuern, mit ihm selbst als »Regisseur«. Bis zum Ende seiner Tätigkeit in Berlin nahm er immer wieder Anläufe, die Stadtplanung mit allen Teilbereichen in seine Verantwortung zu bekommen. Erfolglos.

Ein weiterer Grund war seine Gegnerschaft zu Oberbürgermeister Böß, der sich zunächst der SPD, nach seiner Wahl jedoch der DDP, einer liberalen, wirtschaftsnahen Partei – im Unterschied zur konservativen »Wirtschaftspartei« – zurechnete. Wagner hatte Böß bereits während seiner Tätigkeit für den Verband Groß-Berlin als Kämmerer von (Klein-)Berlin kennen und wohl nicht besonders schätzen gelernt. Böß hielt seinerseits Wagner für »geltungssüchtig«.

Die Zusammenarbeit der SPD mit der DDP in Berlin hatte ein Vorbild im Reich. So hatte die DDP mit der SPD und dem Zentrum zwar im Juli 1919 die Weimarer Reichsverfassung erarbeitet und verabschiedet. Bei der Übernahme der Verantwortung für die Unterzeichnung des Versailler Vertrags, wenige Wochen zuvor, hatte die DDP sich jedoch noch vornehm zurückgehalten und mit der Opposition gestimmt.

In der Reichshauptstadt war die Zusammenarbeit zunächst wenig stabil, da die liberale Partei in Preußen ein heftiger Gegner der Bildung von Groß-Berlin gewesen war. So hatten nur Teile der Partei in der Verfassungsgebenden Preußischen Landesversammlung (der Preußischen Provinz Preußen) am 27. April 1920 dem Groß-Berlin-Gesetz zugestimmt. Bekämpft hatte die DDP vor allem, und zwar mit einigem Erfolg, die Beschränkung der Macht der Bezirke, worunter die Stadt noch heute leidet. Damit die Zentrale nicht eventuell doch mit der Zeit zu einflussreich werde, darauf sollte nun ihr Oberbürgermeister achten. Mit der Zeit fand aber auch Böß, dass der OB mehr Befugnisse haben sollte, und plädierte 1928 bei der Beratung über eine Modifikation des Groß-Berlin-Gesetzes entschieden für eine Beschneidung der Kompetenz der Bezirke, frei nach Marx, der im Vorwort zur »Kritik der politischen Ökonomie« bereits prognostiziert hatte, das das »gesellschaftliche Sein« (in diesem Fall die Stellung als OB) »das Bewusstsein bestimmt«. Wagner hingegen war von Beginn an ein Zentralist. Wenn Berlin eine Weltstadt werden sollte, und Groß-Berlin war nach New York und London nun die von der Einwohnerzahl her drittgrößte Stadt der Welt, von der Fläche sogar die zweitgrößte, konnte sie nicht wie ein Landkreis – mit über 20 Dorf-/Bezirksbürgermeistern – verwaltet werden.

Und es gab noch einen dritten Grund für die Ablehnung des Amtes, der wohl der letztlich ausschlaggebende war.

Die Zeiten in Rüstringen, wo Wagner erfahren hatte, dass die Verfügung der Kommune über Grund und Boden im wörtlichen Sinn die »Basis« ist, um zu sozial verträglichen Kosten bauen zu können, sowie in Berlin mit den preisbestimmenden Terraingesellschaften, die unter anderem verbunden waren mit den Namen Haberland und Sommerfeld. Sie führten ihn schon bald an die Seite der Sozialisten. Die USPD hatten in ihrem Aktionsprogramm vom März 1919 gefordert: »In den Städten und vorwiegend industriellen Gemeinden ist das Privateigentum an Grund und Boden in Gemeineigentum zu überführen; ausreichende Wohnungen sind von den Gemeinden herzustellen.« In dem Görlitzer Programm der SPD von 1921 findet sich die Forderung in der Formulierung wieder: »Grund und Boden (...) sind der kapitalistischen Ausbeutung zu entziehen und in den Dienst der (Volks-)Gemeinschaft zu überführen.«

Dass Grund und Boden der kapitalistischen Spekulation entzogen werden müssten, zumindest ihr nicht ausschließlich ausgesetzt sein dürften, war – und ist – eine wichtige Voraussetzung für sozialen Wohnungsbau. Das aber reichte Wagner nicht. Die Wohnungswirtschaft insgesamt, vom Bodenerwerb bis zur Vermietung, musste dem Profitstreben entzogen werden. Das hatte er in den vergangenen Jahren in vielen Artikeln und Vorträgen begründet und damit viel Sympathien bei den Bauarbeitern und ihrer Gewerkschaft gewonnen.

Denn genau dies beabsichtigten auch die Bauhütten, die Bauarbeiter nach dem 1. Weltkrieg in mehreren Gemeinden als selbstverwaltete Betriebe gegründet hatten. Sie sollten keine profitorientierten Unternehmen im Besitz von Baulöwen oder Couponschneidern, also Aktionären sein. Ihr Ziel war ausdrücklich der Bau von sozialen Wohnungen und Einrichtungen, nicht von Industriebauten oder Universitäten, woran später die »Neuen Heimat« unter anderem zugrunde ging. Ihre Bezeichnung hatten sie in Anlehnung an die Dombauhütten gewählt, Unternehmen, die ebenfalls nicht auf Gewinnmaximierung aus waren, auch wenn die Beschäftigten nicht nur für Gottes Lohn arbeiten sollten.

Mit der Gründung der ersten Bauhütte in Berlin war der Gedanke der »Überführung der dafür reifen kapitalistischen Betriebe in den Besitz von Reich, Staaten und Gemeinden«, wie es noch der Verbandstag des Baugewerbeverbands 1919 gefordert hatte, ad acta gelegt. Wagner hielt, nachdem in der Weimarer Verfassung die Enteignung im Interesse des Gemeinwohls nur gegen »angemessene Entschädigung« vorgesehen war, nunmehr wenig von solchen Theorien. Das Sozialisierungsproblem kann »überhaupt nicht theoretisch, sondern nur praktisch gelöst werden. Nicht die Theoretiker, sondern die Praktiker, die Ingenieure, Bauarbeiter, Betriebsleiter, Architekten und Unternehmer müssen nunmehr aus der Theorie eine Tat machen.«

»In den alten Bauhütten« so referiert Ludovica Scarpa Wagners Konzept, »waren es Brüderlichkeit sowie die individuelle und kollektive Verantwortung, die Qualität und Produktivität der Arbeit garantierten. In den modernen Bauhütten könne die notwendige Erhöhung der Produktivität nur durch Rationalisierung, also Taylorismus erreicht werden.« Rationalisierung der Arbeit, so betonte Wagner, wird nur in Zusammenarbeit mit der Arbeiterklasse möglich sein. Deshalb stand er stets den Gewerkschaften näher als der Sozialdemokratie.

Der im Oktober 1919 gegründeten Bauhütte Berlin folgten rasch zahlreiche weitere Gründungen, sodass die Bildung eines Zusammenschlusses nahelag. Auf Wagners Initiative hin gründeten die Bauhütten am 16. September 1920 in Hamburg, am Sitz des Baugewerkbundes den »Verband sozialer Baubetriebe« (VSB). Hoffnungsvoll beschrieb er den politischen Zweck dieses Verbandes zu Beginn seiner Tätigkeit in der Zeitschrift »Soziale Bauwirtschaft«:

> »Mit verdienstvollem Weitblick haben sich die Bauarbeiter an die Spitze einer Bewegung gestellt, die das deutsche Bauwesen aus der privatkapitalistischen Wirtschaftsform in die Gemeinwirtschaft überführen will.«

Das kam seiner Vision schon sehr nahe. So schied er aus dem Beamtenverhältnis aus und übernahm zum 1. Oktober 1920 die Geschäftsführung des Verbandes.

Die Wahl der Geschäftsräume festigte die seit der Planung der Siedlung Linderhof 1919 bestehende Verbindung Martin Wagners mit Bruno Taut: Der VSB mietete in der Architekturfirma Taut und Hartmann in der Linkstraße 20, nahe am Potsdamer Platz, kurzzeitig zwei Hinterzimmer.

Nun war es mit der gemeinnützigen Wirtschaftsform der Baubetriebe nicht getan, wenn für die Massen gebaut werden sollte. Die wirklich profitablen Bauunternehmen verfügten, bevor sie bauten, bereits über Grund und Boden, bauten dann und machten danach den Profit. Das beste Beispiel waren, wie bereits erwähnt, die Berliner Terraingesellschaften. Um diese Profitmaximierung für die Zukunft auszuschalten, war die Überführung von Grund und Boden in eine gemeinnützige Eigentumsform, also die Kommunalisierung, unumgehbar.

Doch schon zum Zeitpunkt der Aufnahme dieser Passage in das Aktionsprogramm der USPD waren Sozialisierungsforderungen durch die Sprecher der Arbeitgeber einerseits und der maßgeblichen Gewerkschaften andrerseits unterlaufen worden. Nur vier Tage nach Beendigung des Ersten Weltkriegs, also am 15. November 1918, wurde das seit geraumer Zeit verhandelte Abkommen über eine »Zentralarbeitsgemeinschaft« von Arbeitgebern und Gewerkschaften von den Sprechern der Arbeitgeber, Hugo Stinnes, und des Allgemeinen Deutschen Gewerkschaftsbundes, Carl Legien, unterzeichnet. Carl Legien gehörte als Abgeordneter der Sozialdemokraten seit 1893 mit einer kurzen Unterbrechung dem Reichstag an und führte seit 1913 als Präsident den Internationalen Gewerkschaftsbund. Im April 1919 wurde er zum Vorsitzenden des neu gegründeten Allgemeinen Deutschen Gewerkschaftsbundes (ADGB) gewählt und organisierte im März 1920 den Generalstreik, durch den der Kapp-Putsch zum Scheitern gebracht und die Weimarer Republik, zumindest zunächst, vor ihren Feinden gerettet wurde. Er starb am 26. Dezember 1920.

Das Stinnes-Legien-Abkommen zwischen 21 gewerblichen und industriellen Arbeitgeberverbänden und sieben maßgeblichen Gewerkschaften beendete jahrzehntelange Kämpfe, in dem die Arbeitgeber, angesichts des offensichtlichen Versagens der alten Gesellschaftsordnung, zusagten, die Gewerkschaften als alleinige Interessenvertreter der Arbeitnehmer und Arbeitnehmerinnen, insbesondere bei Tarifverhandlungen, anzuerkennen und den Widerstand gegen die Einführung des Acht-Stunden-Tages aufzugeben. Bald zeigte sich, dass es den Arbeitgebern damit gelungen war, die Sozialisierungsbestrebungen in weiten Teilen der deutschen Arbeiterbewegung, insbesondere im Bergbau, abzumildern.

Denn die vom Rat der Volksbeauftragten – bestehend aus je drei Vertretern der MSPD und der USPD – am 18. November 1918 beschlossene Sozialisierungskommission, die besetzt war mit Ökonomieprofessoren, Vertretern der Arbeitgeber und Gewerkschaften und die vorschlagen sollte, für welche Industriebereiche die Überführung in Gemeineigentum angestrebt sei und wie eine Entschädigung gehandhabt werden sollte, kam somit schon zu spät. Zwar forderte Martin Wagner am 26. April 1919, damals noch Baustadtrat in Schöneberg, vor dieser Kommission »die Sozialisierung der Baubetriebe«. Doch bereits wenige Tage später, im Mai 1919 löste sich die Kommission mangels erkennbaren Einflusses auf die in Weimar verhandelte neue Verfassung wieder auf. Zehn Monate später, nach dem Kapp-Putsch vom März 1920 wurde sie allerdings wieder eingesetzt, womit auch die Hoffnungen Wagners auf eine Umwälzung der wirtschaftlichen Verhältnisse im Bauwesen wieder auflebten. Doch erneut ohne Erfolg. Im April 1923 beendete sie ihre Tätigkeit endgültig.

Kommunalisierung von Grund und Boden war nur noch gegen »angemessene Entschädigung möglich. Jörn Janssen resümierte im Katalog zur Wagner-Ausstellung 1985 lakonisch: »Sozialismus wurde unerschwinglich.« Wagner strebte sein Ziel nun auf andere Weise an. Mit der Gründung des VSB und der Übernahme der Geschäftsführung hoffte Wagner, mit der Zeit überzeugend darstellen zu können, dass eine gemeinnützige Bauwirtschaft das Grundrecht auf angemessenen und bezahlbaren Wohnraum am ehesten realisieren könne. Doch es ging ihm nicht nur um das Bauwesen: Mit der Bauhüttenbewegung hatten sich die deutschen Gewerkschaften eine Bewegung »zur Eroberung eines Teiles der deutschen Wirtschaft geschaffen« (August Ellinger auf dem Zweiten ordentlichen Bundestages des Deutschen Baugewerkbundes in Dresden 1927). Am Beispiel der Bauwirtschaft sollte die Möglichkeit des demokratischen Hinüberwachsens des Kapitalismus in den Sozialismus realisiert werden, also die Machbarkeit des demokratischen Sozialismus. Wagner trat 1920 folgerichtig der SPD bei.

Damit hatte Wagner zwei Komponenten seines gemeinnützigen Modells zusammen: Das Baugelände für den Wohnungsbau sollten die Kommunen stellen und die Bauarbeiten einschließlich der Architekturleistungen würden die Bauhütten im Verband Sozialer Betriebe erbringen, wenn denn das Geld für die Bezahlung der Bauarbeiten sowie der Baumaterialien beschafft wäre. Doch dieses Geld musste, ob durch die Kommunen oder die gemeinnützigen Unternehmen, aufgenommen werden, und zwar von Banken, die dafür zwischen 10 und 15 Prozent Zinsen verlangten.

So wunderte es wenig, dass trotz der 1,5 bis 2 Millionen fehlenden Wohnungen im Reich, davon etwa 250.000 in Berlin, die Bautätigkeit nach 1919 auch mit den Bauhütten nicht in Gang kam. In den Jahren 1919 bis 1924 wurden insgesamt nur 9.000 Wohnungen in Berlin gebaut, obwohl die drei- bis vierfache Menge jährlich notwendig waren. Zudem erfolgten Neubauten vornehmlich im hochpreisigen Bereich, da sich die Terraingesellschaften durch den Bau preiswerter Wohnungen keine Konkurrenz zu den in ihrem Besitz befindlichen Mietskasernen schaffen wollten. Dabei hatten diese Gesellschaften schon zwischen 1906 und 1908 erfahren müssen, dass ihre Prachtbauten nicht vermietbar waren. Vor dem Krieg gab es erheblichen Leerstand bei Wohnungen mit vier und mehr Zimmern sowie Häusern.

So hatten denn auch die bürgerlichen Parteien kein wirkliches Interesse daran, den Wohnungsbedarf durch Neubauten rasch zu beseitigen. Ihr Vorschlag zur Lösung der Wohnungsprobleme in Berlin lautete, den Zuzug nach Berlin zu erschweren und vor allem aus dem Osten Zugereiste – mehrheitlich Juden – wieder rauszuschmeißen. So soll sich ausgerechnet der Direktor des Berliner Wohnungsamtes Laporte im September 1919 auf einer Ortsvereinssitzung der DDP folgendermaßen geäußert haben: »Berlin sei von lästigen Ausländern aller Art überschwemmt (...) Schon dadurch, dass man die zugereisten Ostgalizier und andere unbeliebte Elemente aus Berlin entferne, würde man in gewisser Weise den Wohnungsmarkt entlasten können.« Es handelte sich dabei vor allem um Flüchtlinge vor den Auswirkungen der Oktoberrevolution und der Hungersnot in Russland und dem Antisemitismus im wiedergegründeten Nationalstaat Polen.

Die im VSB kooperierenden Bauhütten, die den Bau von Siedlungen für untere Einkommensklassen zum Ziel hatten, waren mit 70 bis 150

Mitarbeitern zu klein und den Banken sowohl deshalb als auch aus ideologischen Gründen als Partner nicht willkommen. Das Baugeld musste woanders herkommen.

Wagner hatte seit 1916 mehrfach die Idee zu einer Hauszinssteuer vorgeschlagen, »die unter Beibehaltung der Mietpreisbindung (auf Vorkriegsniveau)«, so Scarpa, »einen hohen Prozentsatz erreichen könnte – man spricht sogar von 100 Prozent der Miete – ohne die betreffenden Einkommensschichten übermäßig zu belasten. Eine solche Steuer wäre jedenfalls für die Mieter weniger drückend als eine Öffnung des Wohnungssektors für den freien Markt, wodurch sich die Mieten durchschnittlich verzehnfachen würden.«

Über diese Steuer wurde nach Kriegsende heftig gestritten. 1924 kam es schließlich zu dieser »Hauszinssteuer« genannten Abgabe. Sie sollte einen Ausgleich für die Vorteile schaffen, die die Grundeigentümer unter anderem durch die Inflation genossen hatte, die die hypothekarischen Schulden der Immobilienbesitzer buchstäblich liquidiert hatte. Tatsächlich handelte es sich schließlich um eine an das Finanzamt abzuführende Mieterhöhung. Es zahlten also die jetzigen Mieter für zukünftige Wohnungen. Und auch das traf nur teilweise zu. Denn der preußische Staat, Teil des Deutschen Reiches, benutzte die Einnahmen aus dieser Steuer nicht als zweckgebundene Abgabe, sondern verwendete sie, wie die Gewerkschaften beklagten, zu etwa 50 Prozent für andere Zwecke. Vor allem kamen sie nicht oder nicht vornehmlich den Regionen zugute, in denen sie anfielen, wie Berlin.

Dem kommunalen Siedlungsbau stand ab 1924 in Preußen dennoch etwa 1 Milliarde Reichsmark jährlich zur Verfügung, vorrangig, aber nicht nur, für die gemeinnützige Bauwirtschaft. Auch Privatunternehmer konnten solche niedrig verzinsten Baukredite aufnehmen, wenn sie bestimmte Vorgaben einhielten etwa in Bezug auf die Wohnungsgröße und die sanitäre Ausstattung oder den späteren Mietpreis. In Berlin kamen am Ende jedoch nie mehr als 360 Millionen Reichsmark an.

Die jeweiligen Bauhütten waren als einzelne zu klein, um die angestrebten Bauvolumina bewältigen zu können. Zudem waren sie den Banken, wie erwähnt, schon wegen ihrer seltsamen Ideologie nicht vertrauenswürdig genug, um großzügig Kredite zu gewähren. Es musste also eine stärkere Institution, eine größere Firma, ein Baukonzern her. Auf Anregung des VSB und der Baugewerkschaft kam es 1924 zur Gründung einer eigenen zentralen Einrichtung zur Finanzierung gewerkschaftlicher Wohnungsbau-Unternehmungen als Selbsthilfeeinrichtungen zur Versorgung der Mitglieder mit bezahlbarem Wohnraum. Träger dieser ebenfalls nach Plänen Martin Wagners gegründeten »Deutschen Wohnungsfürsorge Aktiengesellschaft für Beamte, Angestellte und Arbeiter« DEWOG – nicht zu verwechseln mit der Berliner DEGEWO – waren die drei linken Gewerkschaften: der Allgemeinen Deutsche Gewerkschaftsbund (ADGB) und der Allgemeine freie Angestelltenbund (AfA-Bund), die die höchsten Mitgliederzahlen hatten, sowie der Allgemeine Deutsche Beamtenbund ADB, der sich 1922 vom rechtslastigen Deutschen Beamten Bund DBB abgespalten hatte. Hinzu kam die »Bank der Arbeiter, Angestellten und Beamten AG«, die von den Gewerkschaften als Reaktion auf die Inflation 1924 gegründet worden war, und der VSB. Später trat der DEWOG auch die gewerkschaftseigene Volksfürsorge-Versicherung bei.

Wagner als Initiator wurde ihre treibende Kraft und im März 1924 ihr provisorischer Geschäftsführer. Sofort ging er daran, die Hülle DEWOG zu füllen. Vier Wochen nach Gründung der DEWOG erfolgte bereits die Gründung einer Tochtergesellschaft: der Gemeinnützigen Heimstätten-, Spar- und Bau-Aktiengesellschaft (GEHAG). Wagner wurde Aufsichtsratsmitglied. Die DEWOG übernahm vom VSB auch einen Teil der Rationalisierungsberatung. Der ADGB finanzierte Wagner und dem Wirtschaftsfachmann der Gewerkschaften, Walther Astor, eine Studienreise in die USA (16. September bis 24. Oktober 1924), auf der sie vornehmlich die Praxis der Taylorisierung als Element der

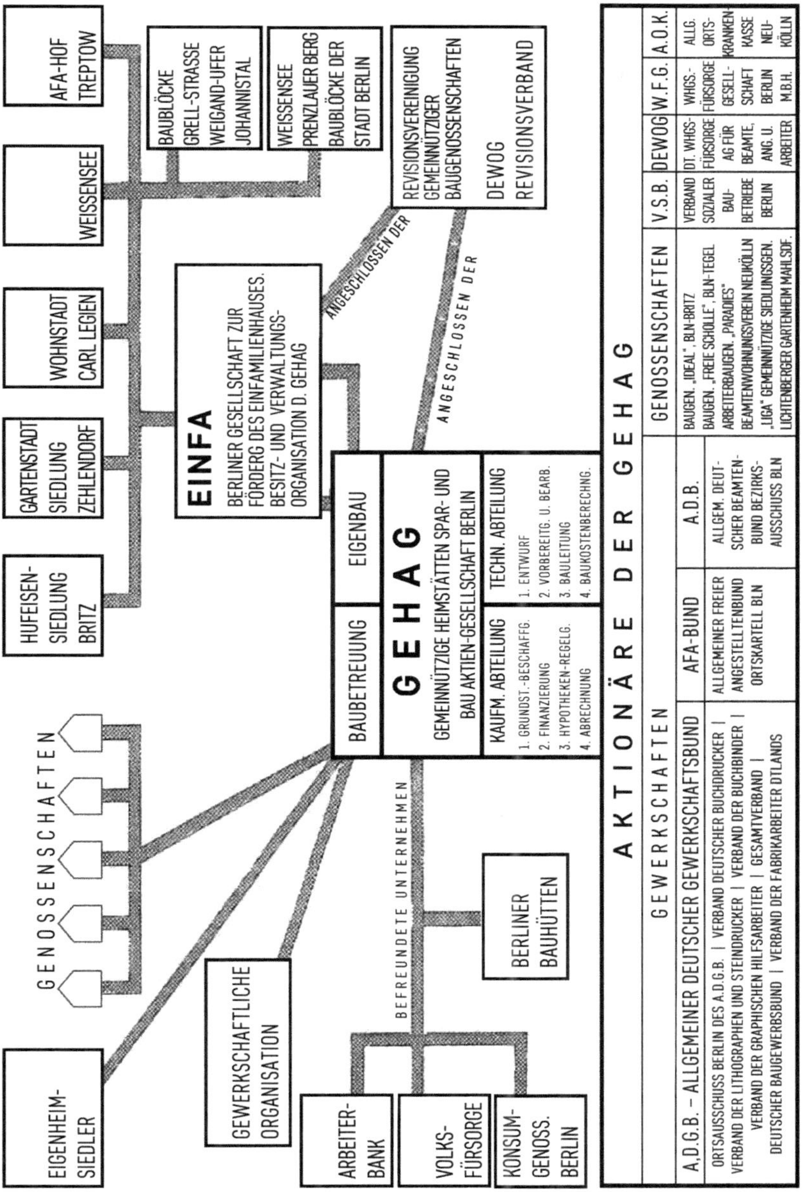
AFA-HOF TREPTOW
WEISSENSEE
WOHNSTADT CARL LEGIEN
GARTENSTADT SIEDLUNG ZEHLENDORF
HUFEISEN-SIEDLUNG BRITZ
BAUBLÖCKE GRELL-STRASSE WEIGAND-UFER JOHANNISTAL
WEISSENSEE PRENZLAUER BERG BAUBLÖCKE DER STADT BERLIN
REVISIONSVEREINIGUNG GEMEINNÜTZIGER BAUGENOSSENSCHAFTEN
DEWOG REVISIONSVERBAND
EINFA
BERLINER GESELLSCHAFT ZUR FÖRDERG DES EINFAMILIENHAUSES. BESITZ- UND VERWALTUNGS-ORGANISATION D. GEHAG
ANGESCHLOSSEN DER
ANGESCHLOSSEN DER
GENOSSENSCHAFTEN
EIGENHEIM-SIEDLER
GEWERKSCHAFTLICHE ORGANISATION
BAUBETREUUNG
EIGENBAU
GEHAG
GEMEINNÜTZIGE HEIMSTÄTTEN SPAR- UND BAU AKTIEN-GESELLSCHAFT BERLIN
KAUFM. ABTEILUNG
1. GRUNDST.-BESCHAFFG.
2. FINANZIERUNG
3. HYPOTHEKEN-REGELG.
4. ABRECHNUNG
TECHN. ABTEILUNG
1. ENTWURF
2. VORBEREITG. U. BEARB.
3. BAULEITUNG
4. BAUKOSTENBERECHNG.
BEFREUNDETE UNTERNEHMEN
BERLINER BAUHÜTTEN
ARBEITER-BANK
VOLKS-FÜRSORGE
KONSUM-GENOSS. BERLIN
AKTIONÄRE DER GEHAG
GEWERKSCHAFTEN
GENOSSENSCHAFTEN
A.D.G.B. – ALLGEMEINER DEUTSCHER GEWERKSCHAFTSBUND
ORTSAUSSCHUSS BERLIN DES A.D.G.B. | VERBAND DEUTSCHER BUCHDRUCKER | VERBAND DER LITHOGRAPHEN UND STEINDRUCKER | VERBAND DER BUCHBINDER | VERBAND DER GRAPHISCHEN HILFSARBEITER | GESAMTVERBAND | DEUTSCHER BAUGEWERBSBUND | VERBAND DER FABRIKARBEITER DTLANDS
AFA-BUND
ALLGEMEINER FREIER ANGESTELLTENBUND ORTSKARTELL BLN
A.D.B.
ALLGEM. DEUTSCHER BEAMTENBUND BEZIRKSAUSSCHUSS BLN
BAUGEN. „IDEAL", BLN-BRITZ
BAUGEN. „FREIE SCHOLLE", BLN-TEGEL
ARBEITERBAUGEN. „PARADIES"
BEAMTENWOHNUNGSVEREIN NEUKÖLLN
„LIGA" GEMEINNÜTZIGE SIEDLUNGSGEN.
LICHTENBERGER GARTENHEIM MAHLSDF.
V.S.B.
VERBAND SOZIALER BAU-BETRIEBE BERLIN
DEWOG
DT. WHGS-FÜRSORGE AG FÜR BEAMTE, ANG. U. ARBEITER
W.F.G.
WHGS.-FÜRSORGE GESELL-SCHAFT BERLIN M.B.H.
A.O.K.
ALLG. ORTS-KRANKEN-KASSE NEU-KÖLLN

Rationalisierung studierten. Mit dem 31. März 1925 schied Wagner aus der Geschäftsführung der Sozialen Baubetriebe (VSB) aus und übernahm zum 1. April 1925 die Funktion des Leitenden Direktors der DEWOG. Damit behielt er Eingriffsmöglichkeiten in die gewerkschaftlichen Baubetriebe.

Bereits 1924 hatte er für die GEHAG Bruno Taut als Beratenden Architekten gewonnen. Gemeinsam mit ihm führte er im Mai 1925, also knapp einen Monat nach Übernahme seiner Leitungsfunktion bei der DEWOG, eine Gruppe von Bauleuten und Gewerkschaftern zu dem Gelände, auf dem nach Tauts und seinen Vorstellungen in den kommenden zwei Jahren die »Hufeisensiedlung« entstehen sollte mit über 1.000 Wohnungen bei bestmöglicher Wohnqualität und in rationeller Bauweise mit möglichst geringem materiellem Aufwand.

Der Bau dauerte vier Jahre, von 1925 bis 1929. Die dabei verwendeten Flachdächer wurden, so schrieb Karl-Heinz Peters, langjähriger Vorstandsvorsitzender der GEHAG nach dem Zweiten Weltkrieg, »zum Markenzeichen der GEHAG«. Als Taut und Wagner für die Zehlendorfer Waldsiedlung die gleiche Bedachung planten und ohne Genehmigung des den Baubeginn aus politischen Gründen verzögernden lokalen Bürgermeisters Dr. Schumacher (DNVP) mit dem Bau begannen, forderte Oberbürgermeister Böß, die Dächer zu ändern. »Oberbürgermeister Böß war«, so heißt es bei Jens Bisky in »Berlin. Biographie einer großen Stadt«, »in die Romantik der steilen Dächer verliebt.« Doch der »Dächerstreit« war nur vorgeschoben. Die »bürgerliche« Mehrheit in der Zehlendorfer Bezirksverordnetenversammlung unter Führung des deutschnationalen Bürgermeisters wollte keine »Arbeitersiedlung« in der Nähe des Villenviertels. Taut schrieb in seinen »Siedlungsmemoiren« dazu: »Es wurde sogar die Polizei mobilisiert, um das Weiterarbeiten zu verhindern. Wagner entwischte nur durch Zufall der Polizei, die ihn verhaften wollte.« Wagner berichtete darüber später selbst, »dass ich als der verantwortliche Bauleiter dieser Siedlung von dem

Hufeisensiedlung, Musterwohnraum in 1 1/2-Zimmer-Wohnung.

Bürgermeister in Zehlendorf, dem Inhaber der hohen Baupolizeigewalt, zweimal in Strafe genommen wurde, weil ich die dauernden Behinderungen der Zehlendorfer Behörden satthatte und mit dem Bau der Kleinwohnungen beginnen ließ, ohne hierzu den verbrieften Schein erhalten zu haben. So vorbestraft, wurde ich dann bald zum Stadtbaurat von Berlin gewählt.«

Der Bürgermeister von Zehlendorf in den Jahren 1924 bis 1932 machte nicht nur mit dem Sozialdemokraten Wagner schlechte Erfahrung. 1926 brachte ein weiterer Sozialdemokrat, Richard Draemert, ihm seine Verkehrsplanung durcheinander. Während Schumacher und Freunde einen Weiterbau der U-Bahn ab Thielplatz unterirdisch bis zum S-Bahnhof Zehlendorf (Mitte) wünschten, hatte Draemert gemeinsam mit Ernst Reuter durchgesetzt, dass die neue U-Bahn-Linie oberirdisch durch die Waldsiedlung, von der rechten Mehrheit in der

Städtebauliche Daten

Alle Angaben beziehen sich auf die Zeit unmittelbar nach Fertigstellung. Die Quellen bilden die Geschäfts- und Revisionsberichte der Wohnungsbaugesellschaften und die Bauakten

	Britz I	**Britz II**
Bauherr:	Gehag	Gehag
Architekt:	B. Taut, M. Wagner	B. Taut
Bauausführung:	Deutsche Bauhütte	Deutsche Bauhütte
Baubeginn:	Mitte Oktober 1925	Juni 1926
Erstbezug:	1. 9. 1926	1. 5. 1927
Grundstücksgröße:	82.186 m^2	99.999 m^2
Bebaute Fläche:	16.437 m^2	20.894 m^2
Wohnfläche:	30.375 m^2	41.276 m^2
Garten- u. Freiflächen:	65.749 m^2	79.105 m^2
Wohnungen:	500 WE, davon a) 300 Geschoßwohnungen: 216 1 1/2 und 2 ZW 49 m^2 und 58 m^2 76 2 1/2 ZW 65 m^2 8 3 1/2 ZW 80 m^2 und 96 m^2 b) 200 Einfamilienhäuser: 119 3 1/2 ZW 79 m^2 81 4 1/2 ZW 89 m^2	527 WE, davon a) 255 Geschoßwohnungen: 186 1 1/2 und 2 ZW 49 m^2 und 58 m^2 49 2 1/2 ZW 65 m^2 12 3 1/2 ZW 80 m^2 und 96 m^2 8 4 1/2 ZW 100 m^2 b) 272 Einfamilienhäuser: 122 3 1/2 ZW 79 m^2 150 4 1/2 ZW 89 m^2
Mieten:	a) 1 1/2 ZW 48 RM 2 ZW 55 RM 2 1/2 ZW 63 RM 3 1/2 ZW 75 und 81 RM b) 3 1/2 ZW 75 RM 4 1/2 ZW 88 RM	a) 1 1/2 ZW 48 RM 2 ZW 55 RM 2 1/2 ZW 63 RM 3 1/2 ZW 75 und 81 RM 4 1/2 ZW 100 RM b) 3 1/2 ZW 75 RM 4 1/2 ZW 88 RM
Ausstattung:	Kachelöfen, Waschküche, Kochmaschine, Spüle, Ausguß, Badewanne, Gas-Badeofen	Kachelöfen, Waschküche, Kochmaschine, Spüle, Ausguß, Badewanne, Gas-Badeofen, Niederdampfdruckheizung in den Anbauten des Hufeisens
Läden:	keine	4
Finanzierung:	1 800 000,- RM Bayer. Handelsbank München 1 356 800,- RM Zusatzhyp. WFG Berlin 3 450 000,- RM Hauszinssteuerhypothek 6 606 800,- RM	2 400 000,- RM Bayer. Handelsbank München 1 407 200,- RM Zusatzhyp. WFG Berlin 3 773 800,- RM Hauszinssteuerhypothek 7 581 000,- RM 217 000,- RM Pflichteinlage Britz I und II

	Britz III und IV	**Britz V**
Bauherr:	Gehag	Gehag
Architekt:	B. Taut	B. Taut
Bauausführung:	Deutsche Bauhütte	Deutsche Bauhütte
Baubeginn:	Dezember 1927	Herbst 1928
Erstbezug:	1. 10. 1928	1. 7. 1929
Grundstücksgröße:	35.379 m²	14.912 m²
Bebaute Fläche:	8.268 m²	4.003 m²
Wohnfläche:	17.519 m²	8.656 m²
	Grün- und Freiflächen: 27.111 m²	Garten- und Freiflächen: 10.909 m²
Wohnungen:	297 WE, nur Geschoßwohnungen: 150 1 1/2 ZW 50 m² 128 2 1/2 ZW 63,4 m² 4 3 ZW 15 3 1/2 ZW	156 WE, nur Geschoßwohnungen: 49 1 1/2 ZW 79 2 ZW 18 2 1/2 ZW 10 3 1/2 ZW
Mieten:	nicht feststellbar	nicht feststellbar
Ausstattung:	Kachelöfen, Waschküche, Kochmaschine, Spüle, Ausguß, Badewanne, Gas-Badeofen	Kachelöfen, Waschküche, Kochmaschine, Spüle, Ausguß, Badewanne, Gas-Badeofen
Läden:	5	keine
Finanzierung:	1 490 000,- RM Landesvers. Anst. Berlin 140 000,- RM AOK Berlin 366 200,- RM Landespfandbriefanstalt 1 444 200,- RM Hauszinssteuerhypothek 3 440 400,- RM 105 000,- RM Pflichteinlagen	729 400,- RM Landesvers. Anstalt 263 000,- RM Sparkasse Berlin 751 500,- RM Hauszinssteuerhypothek 1 743 900,- RM

Städtebauliche Daten zur Hufeisensiedlung.

Bezirksverordnetenversammlung auch gern »Klein-Moskau« oder »Klein-Jerusalem« genannt, geführt wurde und – aus finanziellen Gründen – als Endstation 1929 den U-Bahnhof Krumme Lanke hatte.

Mit der GEHAG machten Taut und Wagner in Zehlendorf so etwas wie ihr Meisterstück, zumal Wagner später an Bauprojekten nicht mehr direkt mitwirkte. Die Frage des Baugrundes war dank der Zusammenarbeit mit Adolf Sommerfeld zur Zufriedenheit gelöst worden. Man konnte sich auch darauf verständigen, dass Sommerfelds Firma, die »Ahag«, bei der Bauausführung zu gleichen Teilen mit der »Deutsche Bauhütte«, die im Auftrag der GEHAG tätig war, arbeiten sollte. Außerdem sollte ihm die Ladenstraße am U-Bahnhof Onkel-Toms-Hütte gehören. Sommerfelds Baukosten wurden nicht zuletzt durch einen 2-Millionen-Reichsmark-Baukredit des Preußischen Staates gesenkt. Er hatte den Preußischen Ministerpräsidenten Otto Braun von dem Großprojekt überzeugen können. Sommerfeld musste Ende 1932, wie Karl-Heinz Peters in seiner 2016 erschienen GEHAG-Geschichte »Von der Gemeinnützigkeit zum Profit« schreibt, »nach einem nächtlichen Überfall eines SA-Kommandos auf ihn nur mit einem Rucksack in die Schweiz fliehen«.

So konnte, dies nehme ich hier vorweg, das Ziel, Wohnungen auch für Arbeiter zu bauen, erreicht werden. Ein Beispiel: Ein Baufacharbeiter erhielt Ende der 1920er-Jahre in Berlin wöchentlich ohne Überstunden circa 60 Reichsmark, im Monat also 260 bis 300 Reichsmark. Ausweislich der Geschäftsberichte der Wohnungsbaugesellschaft betrug der Mietpreis 1927 für die 1 1/2 -Zimmer-Wohnung (49 Quadratmeter) in der Hufeisensiedlung 48 Reichsmark, für die 2 1/2-Zimmer-Wohnung (65 Quadratmeter) 63 Reichsmark. In der Zehlendorfer Waldsiedlung betrug die Miete für die 2 1/2-Zimmer-Wohnung mit eingebauter Küche (60–65 Quadratmeter) 71 Reichsmark, die monatliche Belastung für die Einfamilienhäuser mit 3 1/2-Zimmern (85 Quadratmeter) 72,50 Reichsmark. Die KPD fand dennoch die Bezeichnung »Bonzensiedlung« für die Häuser in der Nähe des U-Bahnhofs Onkel-Toms-Hütte angemessen.

Dass die Wohnungskosten vor allem in der Hufeisensiedlung auf Dauer nicht im gewünschten Maße begrenzt werden konnten, begründet Detlef Lehnert in seiner Untersuchung »Kommunale Politik, Parteiensystem und Interessenkonflikte in Berlin und Wien 1919–1932«

wie folgt: »Der auch in Berlin gültige preußisch-deutsche Förderungsweg der subventionierten Hauszinssteuer-Hypotheken (1 Prozent Zinsen + 1 Prozent Tilgung) deckte im Durchschnitt der Jahre 1924 bis 1929 lediglich rund 43 Prozent der Baukosten einer typischen 2-Zimmer-Wohnung. Wenn der verbleibende Kostenanteil über den Kapitalmarkt mit Effektivzinssätzen von bis zu 10 Prozent finanziert werden musste, ergaben sich Mieten, die das Doppelte des Vorkriegsstandards betrugen und somit von der breiten Masse der Wohnungssuchenden nicht aufgebracht werden konnten. Um dieser Misere abzuhelfen, hatte die Stadtverordnetenversammlung auf Initiative der Sozialdemokraten am 23. Oktober 1924 erstmals 5 Millionen Reichsmark für verbilligte städtische Zusatzhypotheken beschlossen, die anfänglich den subventionierten Anteil auf 85 Prozent (1924) beziehungsweise 74 Prozent (1925/26) der Baukosten erhöhten. Durch Erweiterung dieses Zuschusses auf 10 Millionen beziehungsweise 23,3 Millionen gelang es, den Anteil der mit Zusatzhypotheken geförderten Wohnungen von 12,1 Prozent (1924) auf 39,2 Prozent (1925) bis 52,6 Prozent (1926) zu steigern.« Die Zuschüsse dienten dazu, die Mietpreise auf 17 bis 25 Prozent der Einkommen zu begrenzen.

Detlef Lehnert zitiert Oberbürgermeister Blöß mit einer Äußerung im Berliner Tageblatt vom 20. Februar 1926: »Der Wohnungsbau ist augenblicklich viel zu teuer. Wenn es nicht gelingt, billigere Wohnungen herzustellen als jetzt, dann bleibt nichts anderes übrig, als dass der sogenannte kleine Mann die teurere Wohnung mit in Kauf nimmt und seine übrige Lebenshaltung entsprechend reduziert.«

Kaum eine gute Basis für die 1926 beginnende Zusammenarbeit mit Martin Wagner.

Stadtbaurat in Groß-Berlin

Bei solchen Erfolgen lag Wagners Übergang vom Geschäftsführer des international angesehenen gemeinnützigen Unternehmens zum Stadtbaurat der nunmehr flächenmäßig zweitgrößten Stadt der Welt, Berlin, nahe. Doch die Wahl war nicht garantiert. Oberbürgermeister in Berlin war immer noch Gustav Böß. Er gehört der DDP an. Dieser Partei stand auch der Favorit des Oberbürgermeisters, Magistratsoberbaurat Roman Friedrich Heiligenthal, nahe. Heiligenthal hatte sich durch einige grundlegenden Studien zum Baurecht und zur Siedlungsplanung in Berlin als kompetent ausgewiesen. Als er dennoch nicht Stadtbaurat wurde, folgte er 1927 dem Ruf auf den Lehrstuhl für Städtebau, Stadtwirtschaft und Siedlung an der Technischen Hochschule Karlsruhe, den er bis zu seiner Pensionierung 1949 innehatte. Heiligenthal starb 1951.

Wagner strebte die Position des Stadtbaurats nicht an. Sein Favorit war der Essener Stadtbaurat Robert Schmidt. Schmidt hatte sich an dem »Planungs-Wettbewerb Groß-Berlin«, der mit der Ausstellung der AIV 1910 verbunden war, erfolgreich beteiligt. Doch der Plan wurde nicht umgesetzt. Mehr Erfolg hatte Schmidt zwei Jahre später 1912 mit seiner *Denkschrift betreffend Grundsätze zur Aufstellung eines General-Siedlungsplanes für den Regierungsbezirk Düsseldorf (rechtsrheinisch)*. Diese Schrift gab den entscheidenden Anstoß zur Schaffung des Siedlungsverbandes Ruhrkohlenbezirk im Jahre 1920. Schmidt hatte also im Ruhrgebiet realisieren können, was ihm 1910 in Berlin nicht gelungen war. 1920 wurde er Verbandsdirektor des Siedlungsverbandes und blieb dies auch bis 1932. Anders als in Berlin gelang es jedoch nicht, das Ruhrgebiet zu einer Stadt zusammenzuführen. Schmidt starb 1934. Wagner war zwar mittlerweile international angesehen, hatte Bedeutendes geleistet und favorisierte den sozialen Wohnungsbau. Womit er aber auch in manchen SPD-Kreisen als »zu links« galt. Zudem hatte er

Oberbürgermeister Böß (7. von links) mit Mitgliedern der Hochbauverwaltung; 5. von links: Stadtbaurat Dr. Wagner.

seine berufliche Karriere nicht der SPD, sondern seiner engen Zusammenarbeit mit den Gewerkschaften zu verdanken. Es bedurfte denn auch des politischen Drucks der Gewerkschaften, um Wagner zur Kandidatur und die SPD zur Entscheidung für ihn zu bewegen.

Eigentlich war Wagner mit seinen Plänen für die DEWOG und GEHAG noch nicht fertig. Nach seinen Vorstellungen sollten zur GEHAG auch Betriebe der Baumittelherstellung und schließlich der Wohnungsverwaltung gehören. Aber mit Franz Gutschmidt, den Wagner aus der Zeit seiner Bezirksstadtratstätigkeit in Schöneberg kannte und mit dem gemeinsam er die Gründung der GEHAG vorangetrieben hatte, übernahm nun ein gleichgesinnter Kollege die alleinige Geschäftsführung (bis 1933).

Die politischen Querelen waren also absehbar, als schon wenige Monate nach Wagners Amtsantritt Anfang 1927 ein amerikanisches

Bankenkonsortium das Angebot machte, gegen eine 28-jährige Garantie üblicher Mietsätze auf Schöneberger Gelände 14.400 Wohnungen ohne öffentlichen Zuschuss bauen zu lassen, die nach Ablauf der Garantiezeit lastenfrei in städtisches Eigentum übergehen sollten. Wagner sah darin die Chance, wegen der großen Menge der Wohnungen erfolgreich Rationalisierungsdruck auf die Bauindustrie ausüben zu können. Der Magistrat machte aber unter Leitung von Böß nicht mit. Zwar liefen die von Wagner geführten Verhandlungen zunächst positiv. Doch bis Mitte des Jahres hatten sich mehrere deutsche Firmen unter Führung des Berliner Unternehmers Haberland zusammengefunden. Ihr Argument: Es müsse das »deutsche Gewerbe«, insbe-sondere das Berliner geschützt werden. Die GEHAG war zuvor aus-manövriert worden. Mit einem Mal waren auch nach Ansicht von Böß gar nicht mehr so viele Wohnungen dringend notwendig. 8.000 reichten angeblich auch. Als die Baupläne konkreter wurden, sahen sie vornehmlich 3 1/2- und 4 1/2-Zimmer-Wohnungen vor zu Mietpreisen, die, so der Zentrumspolitiker und zeitweilige – unbesoldete – Stadtrat Treffert, »für die allgemeine Masse einfach untragbar sind«. Das Projekt fand dank der Ablehnung durch die SPD keine Verwirklichung.

Die Beziehungen zwischen Bauwirtschaft und Politik waren in Berlin schon damals eng, zuweilen auch sehr eng. So sollte eine 1925, vor Wagners Amtsantritt, vom Magistrat beschlossene Bauausstellung der Anregung der Berliner, aber auch der deutschen Bautätigkeit dienen oder besser: die Baufirmen auf Trab bringen. Über die Verwendung der von der Stadt dafür zur Verfügung gestellten Mittel sollte ein Ausschuss, bestehend aus Vertretern allein eben jener Baufirmen, entscheiden, die die Gelegenheit vor allem zur Selbstdarstellung nutzen wollten. Die Ausstellung war für 1930 vorgesehen.

Für das Ausstellungsgelände entwarfen Hans Poelzig und Martin Wagner 1928 einen Bebauungsplan, der auch in Teilen realisiert wurde.

Für beide war es eine Selbstverständlichkeit, dass es keine Weltstadt ohne eine große, international nutzbare Messe geben könne, wenn man denn den Anspruch erhob, etwas von internationaler Bedeutung vorstellen zu wollen. Über das Konzept der Bauausstellung wurde einige Jahre gestritten. Insbesondere ging es darum, ob die Firmen auch die Konzepte für den Wohnungsbau vertreten sollten. Im Streit darüber verbündete sich Wagner mit der kommunistischen Fraktion der Stadtverordnetenversammlung, was zu einem erfolglosen Vorstoß von Oberbürgermeister Böß führte, die SPD möge Wagner zum Rücktritt bewegen. Doch die wollte nicht. Nachdem die geplante Dauerausstellung zu einer befristeten Ausstellung herabgestuft worden war, konnte die Eröffnung mit einem Jahr Verspätung 1931 stattfinden. Die Weltwirtschaftskrise verhinderte, dass dem Beispiel Berlins andere Städte folgten.

Zwar nahm die Zahl der bezugsfertigen Wohnungen in den Jahren zwischen 1925 und 1930 zu und stieg von jährlich 25.000 auf über 43.000. »Doch«, so schreibt Jens Bisky, trug »der Siedlungsbau unter Martin Wagner zur Behebung der Wohnungsnot nur wenig und zur Überwindung des Wohnungselends in den schlecht ausgestatteten, sanierungsbedürftigen Mietskasernen nichts bei. Er selbst sagte, dass er sich die Verantwortung mit 23 anderen Senatsmitgliedern (der Berliner Senat war von 30 auf 24 Mitglieder verkleinert worden) teile. Die Ruhe der Stadtverordneten angesichts der existenziellen Probleme habe er nie verstanden«. Wagner bestand erneut auf seiner seit einem Jahrzehnt vertretenen Auffassung: »Ein kommunalpolitisch Bevollmächtigter muss her, der Fehler eines Kopfes ist nicht so gefährlich wie die Unterlassung einer großen Tat bei einem Gremium von 500 Köpfen.«

Diesem Ziel der Zusammenführung der Kompetenzen an einer Stelle entsprach auch Wagners Ansicht, kostengünstiger Großsiedlungsbau könne nur von größeren Gesellschaften bewältigt werden. Deshalb regte er Ende 1928 in der SPD-Fraktion an, sich für die Zusam-

Waldsiedlung Zehlendorf 2021.

menlegung der städtischen Wohnungsbaugesellschaft einzusetzen. Der für das Bau- und Siedlungswesen zuständige Stadtrat Wutzki, ebenfalls SPD, war dagegen. Wagner gewann die Abstimmung in der Fraktion, und Wutzki wurde auf einen anderen Stadtratsposten geschoben. Doch die erhoffte Zusammenlegung der Stadtratsämter unter Wagners Leitung erfolgte wegen des Widerstands des Oberbürgermeisters nicht. Mit Wutzkis Nachfolger Czeminsky (SPD) gestaltete sich die Zusammenarbeit jedoch konfliktfrei. Es wurden die Voraussetzungen geschaffen für den Beginn des Baus von vier Großsiedlungen. Die ersten beiden Siedlungen, die unter Wagners »Regie« entstanden, waren die Großsiedlung Schillerpromenade, auch Weiße Stadt genannt, und die Großsiedlung Siemensstadt.

Böß war Gegner dieser Großsiedlungen, insbesondere wenn sie Flachdächer haben sollten. In der Magistratssitzung am 24. Oktober 1928 konnte er sich dann nicht mehr bremsen und griff Wagner direkt an: »Sie sind ein Mann von einem kleinen Format, unbedeutend in Ihrem Tun und Lassen«. Kurze Zeit sah es so aus, als ob einer der beiden seinen Hut nehmen müsste. Doch der Streit konnte noch einmal beigelegt werden.

Das folgende Jahr 1929 stand noch ganz im Zeichen der Hochkonjunktur. Die Bautätigkeit erreichte mit mehr als 43.000 neuen Wohnungen einen Höchststand. Wagner legte den von Böß besonders gewünschten »Generalsiedlungsplan« für Berlin nicht vor. Er war gegen einen solchen weit vorausschauenden Bebauungsplan, der sich mit seinen Vorstellungen von einer »wachsenden Stadt«, die eine sich ständig verändernde Stadt war, nicht vereinbaren ließ. Er beschränkte sich nicht darauf, so berichtete Ludovica Scarpa, über die Nutzlosigkeit eines solchen Plans zu theoretisieren. Im Frühjahr 1929 weigerte er sich, einen solchen Plan für die Bebauung einer städtischen Randzone zu genehmigen, obwohl der preußische Innenminister diesen gefordert hatte. Mit dem bekannten Hinweis, ein solcher Plan würde die Grundstückspreise in die Höhe treiben, drohte er, ihn solange als möglich zu verschleppen.

Im August/September 1929 nutzten Wagner und Reuter die allgemeine USA-Euphorie zu einer sechswöchigen Studienreise ins Land der unbegrenzten Möglichkeiten. Ihr Interesse galt vor allem dem Autoverkehr. Für Wagner und Reuter bedeutete es, die Stadt und ihren Verkehr so zu planen, dass sich die oberirdischen Verkehrsmittel nicht gegenseitig behinderten. Über den Potsdamer Platz verkehrten damals 17 Straßenbahnlinien, ein »völlig veraltetes Verkehrsmittel, oder, ihrer Langsamkeit wegen, überhaupt kein Verkehrsmittel, sondern ein Verkehrshindernis«, so Oberbürgermeister Böß. Der U-Bahnbau erhielt also neuen Auftrieb.

Auch Wagners Abneigung gegen den Hochhausbau verstärkte sich infolge des New-York-Besuchs. In Berlin verstand man darunter aller-

Waldsiedlung Zehlendorf 2021.

dings keine Wolkenkratzer, sondern Mietskasernen mit fünf und mehr Geschossen, die zu zwei Dritteln den Wohnungsmarkt bestimmten. Das hatte zu einer weltweit unüblich hohen Wohnungsdichte geführt: Mit 76 Personen, die in Berlin »in ein Gebäude zusammengedrängt werden« (Hegemann), hielt die Stadt den Weltrekord unter den Industrieländern. (Zum Vergleich: In Wien lebten im Durchschnitt 50, in Prag 40 Menschen in einem Haus.)

1929 hatte Böß, in Zusammenarbeit mit seinem Persönlichen Referenten, Obermagistratsrat Dr. Willy Müller-Wieland, eine Schrift über Berlin veröffentlicht (Berlin von heute. Stadtverwaltung und Wirtschaft, Berlin 1929). Darin wurden die großen Leistungen im Wohnungsbau sowie die Zusammenführung der über 20 regionalen Verkehrsgesellschaften zur BVG herausgestrichen, ohne die Macher – Wagner und Reuter – zu nennen. Im September fuhr er dann mit seiner Frau und einigen Stadträten, wie Carl von Ossietzky es in der »Weltbühne« nannte, ebenfalls in die USA – von Tennessee nach Kalifornien oder wie Ossietzky in der »Weltbühne« ironisierte: auf eine »Repräsentationstour von Johnnie Walker [wird in Tennessee hergestellt] zum Goldenen Tor«. Vor allem ging es ihm darum, amerikanische Kreditgeber für Berliner Investitions-Vorhaben zu gewinnen, bevor Reichsbankpräsident Hjalmar Schacht damit Erfolg hatte, den Kommunen solche Kreditaufnahmen zu verbieten. »Die Ironie des Schicksals fügte es«, so Ossietzky weiter, »dass ihn (Böß) sein Schicksal ereilte mitten in der einzigen Pflicht, die er schließlich ernst genommen hat.« Gemeint ist das Repräsentieren.

Das »Schicksal« trug den Namen Sklarek. Die drei Brüder Sklarek, Söhne eines aus dem Osten eingewanderten jüdischen Schneiders, hatten sich durch die Lieferung verbilligter Bekleidung an Politiker und Beamte ein Belieferungsmonopol für Dienstbekleidung für Krankenhäuser und Fürsorgeeinrichtungen verschafft. Dazu kam Kreditbetrug. Die Öffentlichkeit erfuhr davon Ende September 1929, während Böß in den USA weilte.

Die Presse aller politischen Richtungen griff den Fall auf, obwohl oder gerade weil die Brüder in jeder Richtung gut »vernetzt« waren: Max Sklarek war, wie Böß, Mitglied der Deutschen Demokratischen Partei (DDP), Leo und Willi Sklarek waren seit 1928 Mitglieder der SPD. Bekannt wurden bald auch Spenden an die DNVP und die kommunistische Rote Hilfe sowie an den ehrenamtlichen Stadtrat Gäbler (KPD). Jens Bisky: »Ihr luxuriöser Lebensstil faszinierte, sie besaßen Villen, ein Jagdhaus in Mecklenburg, sie gaben rauschende Feste, auf denen der Sekt aus Kübeln getrunken, der Kaviar mit großen Löffeln gegessen worden sein soll. Vor allen vergaßen sie nie, Abgeordnete verschiedener Richtungen, gleich ob kommunistisch oder deutschnational, einzu-

Teilnehmer der Amerika-Reise im Herbst 1929. Vorne von links: Stadtschulrat Nydahl, Frau Nydahl, Stadtrat Benecke, Frau Benecke, Frau Böß (mit der »geschenkten« Pelzjacke), Oberbürgermeister Böß, Stadtmedizinalrat Prof. Dr. v. Drigalski, Obermagistratsrat Dr. Müller-Wieland (persönlicher Referent des Oberbürgermeisters).

laden.« Theodor Wolff, Chefredakteur des »Berliner Tageblatt«, schrieb am 13. Oktober 1929: »Die drei Brüder Sklarek kannten, wie in einem späten Augenblick Wilhelm II., keine Parteien mehr. Oder sie kannten alle: Es wurde bei ihnen republikanisch soupiert, deutschnational und völkisch gesoffen, kommunistisch mit Knallbonbons geknallt.«

Gustav Böß hatte von den Brüdern eine Pelzjacke für seine Frau »erworben«, für die er nach mehreren Aufforderungen von den Brüdern eine Rechnung über 375 Reichsmark erhielt. Da dieser Preis offensichtlich ein »Freundschaftspreis« war – in den folgenden Debatten wurde der handelsübliche Verkaufspreis mit 4.850 Reichsmark angegeben – erlegte er sich selbst eine »Geldbuße« auf und kaufte als Kulturförderung »einem armen Maler« (Max Pechstein) ein Gemälde für

800 Reichsmark ab und spendete 200 weitere Mark für »einkommensschwache Familien«. Das Bild hängte er in seine Wohnung. Die 200 Mark gingen an Verwandte seiner Frau. Eine kleine Korruption, aber, so Ossietzky, was konnte man schon von einer politischen Klasse der »Mittelmäßigkeit« mehr erwarten.

Der »Sklarek-Skandal« zog immer weitere Kreise. Der Preußische Landtag beschloss am 17. Oktober 1929 die Einsetzung eines parlamentarischen Untersuchungsausschusses zur »Klärung der Misswirtschaft in der Berliner Stadtverwaltung«, des ersten seiner Art. Als Böß zwei Wochen später am 30. Oktober von der Amerika-Reise zurückkehrte, war bereits »der Teufel los«. Die Anwürfe waren so heftig, dass der Oberbürgermeister am 9. November um Beurlaubung bat. Am 20. Mai 1930 wurde er wegen Verletzung der Pflichten, »die ihm sein Amt auferlegt«, und weil er sich »des Ansehens und des Vertrauens, das sein Beruf erfordert, unwürdig gezeigt« habe, mit Dienstentlassung bestraft und seine Pension um ein Drittel gekürzt. Im Berufungsverfahren wurde die Strafe aufgehoben und in eine Geldstrafe von einem Monatsgehalt umgewandelt. Statt ihn, wie in der ersten Instanz verfügt, aus dem Dienst zu entlassen, wurde seiner Bitte, »aus Gesundheitsgründen« aus dem Dienst ausscheiden zu dürfen, bei voller Pension stattgegeben. Der Volksmund begleitete ihn mit einer Parodie auf den Schlager »Armer Gigolo« aus dem Amt.

Bürgermeister Böß, Bürgermeister Böß,
denke nicht mehr an die Zeiten,
als Du warst im Amt,
gingst in Seid‘ und Samt,
konntest Deutschlands Zukunft leiten.
Stellung ging passé, Sklarek sagt adé,
schöner Nerz, du liegst in Fransen,
und da kriegst Du noch zum Lohn

eine klotzige Pension,
nun geh und lass das Streiten.

In der mehrhundertjährigen Geschichte Berlins war er der einzige Inhaber dieses kommunalen Spitzenamtes, der dieses vorzeitig wegen Korruption aufgeben musste. Vielleicht ehrten die Ausstellungsmacher Prof. Bodenschatz und Co-Kuratoren 2020 ihn deshalb als Mottogeber für jeden der 11 Ausstellungsabschnitte.

Am »Schwarzen Freitag«, dem 25. Oktober 1929, war es zum großen Börsenkrach gekommen. Die folgende Weltwirtschaftskrise führte zum völligen Verzicht auf neue Ausgaben für den Wohnungsbau im Berliner Haushaltsplan. Wegen der Vorfinanzierungen konnten 1930 noch 43.000 und 1931 noch 31.000 Wohnungen fertiggestellt werden. Danach war faktisch Schluss.

Hoffnungsträger Sowjetunion

Während es in den westlichen Staaten wirtschaftlich rasant bergab ging, sahen viele die Zukunft im Osten. Die Sowjetunion war seit 1928 zu einem Ort von großem Interesse für Stadtplaner und Architekten geworden. Der erste »Fünfjahresplan« wirksam ab 1929 – sah vielfältige Baumaßnahmen vor. Doch es mangelte an Fachleuten. Die Sowjetunion warb daher um deutsche Architekten. Bruno Taut pflegte Kontakte mit der Moskauer Stadtverwaltung schon seit 1925. Nun lud der Frankfurter Architekt Ernst May, der seit 1930 für 20 Städte wie Magnitogorsk Planungen entwerfen und realisieren konnte, auch Martin Wagner Ende 1930 nach Moskau ein. Dieser nahm zwar das Angebot, dort als Stadtplaner zu arbeiten, nicht an, schwärmte jedoch nach seiner Rückkehr in mehreren Aufsätzen von den Möglichkeiten der Stadtplanung in der sozialistischen Planwirtschaft und verband dies mit scharfer Kritik, was die Duldung der Bodenspekulation und der

Privatisierung öffentlicher Unternehmen durch die Sozialdemokratie anging. Im April 1931 trat er nach über 10-jähriger Mitgliedschaft aus der SPD aus, ohne in eine andere Partei zu wechseln. Der Aufforderung des SPD-Bezirksvorstands, vom Stadtratsposten zurückzutreten, kam er nicht nach. Er, der in der Auseinandersetzung mit Stadtrat Wutzki noch dafür gekämpft hatte, dass ihm alle Bauzuständigkeiten zugewiesen würden, erhielt nun die zusätzliche Verantwortung für »Brief- und Paketbeförderung und Aktenfuhrwesen«.

Manche schätzten ihn jedoch: Im August 1931 ehrte ihn die Preußische Akademie der Künste mit der Berufung zum Akademiemitglied.

Im Magistrat ging es derweil drunter und drüber: Der »fleißige Festredner Böß«, eine Charakterisierung von Ossietzky, war Ende Oktober 1930 offiziell aus dem Amt geschieden. Sein Stellvertreter Arthur Scholtz (DVP) übernahm die Aufgabe bis zum 14. April 1932. An dem Tag wählte die Stadtverordnetenversammlung den Danziger Senatspräsidenten Dr. Heinrich Sahm (DNVP) zum Oberbürgermeister. Er trat 1933 der NSDAP bei und entfernte gehorsam Martin Wagner sowie weitere kommunistische und sozialdemokratische Amtsträger aus dem Dienst. 1935 wurde er selbst auf den Posten des Botschafters in Norwegen abgeschoben. Dort starb er 1938.

Für die 2. Berliner Bauausstellung 1932 »Sonne, Luft und Haus für alle« entwarf der nun parteilose Wagner gemeinsam mit der Bauhütte Stettin seinen Traum von einem wachsenden Haus, das aus vorgefertigten Elementen gebaut werden und mit zunehmender Zahl von Familienmitgliedern wachsen sollte. »In bewußter Abkehr von dem absterbenden Großstadtraum (arbeitete er) an einem neuen Idealbild der städtischen Siedlung.« Das ließ sich seiner Ansicht nach nur unter den Bedingungen der sozialistischen Planwirtschaft umsetzen. So wurden seine Aufsätze denn auch nur noch in Zeitschriften, die links von der SPD standen, gedruckt.

Nach der Machtübertragung an die Nationalsozialisten durch Hindenburg am 30. Januar 1933 hatte Wagner gegen das Hissen der Hakenkreuzfahne auf dem Rathaus protestiert, woraufhin ihn Joseph Goebbels im »Angriff« als »eine Wanze«, die »zerquetscht werden« müsse, beschimpfte. Als er Mitte Februar die politisch begründeten Ausschlüsse von Käthe Kollwitz und Heinrich Mann aus der Akademie der Künste – als Einziger – angriff, wurde er nach den Wahlen vom 5. März 1933 offiziell aus der Akademie ausgeschlossen. Wenige Tage später, am 14. März folgte die Beurlaubung und im April die Entlassung als Stadtbaurat, ohne Bezüge. Seine Sekretärin, die »treue und fleißige Seele«, und sein Fahrer, der »gewissenhafte Paul«, denunzierten ihn. Plötzlich waren sie ergebene Nazis, wie sein Sohn Bernhard schrieb. Als er im Juni 1933 im Vorstand des Werkbundes den Ausschluss von Nicht-Ariern verurteilte, war dies sein letzter öffentlicher Auftritt. Beim Werkbund kam er dem Ausschluss durch Austritt zuvor.

Die Entlassung aus dem öffentlichen Dienst und die Ausschlüsse aus der Akademie und dem Werkbund waren verbunden mit einem Publikationsverbot, sodass ihm auch diese Einkunftsquelle unzugänglich wurde. Das Haus der Familie im Eichkamp musste verkauft werden. Wie manch anderer glaubte auch Wagner, dass der Nationalsozialismus nur ein bald vorübergehendes Zwischenspiel sei. So arbeitete er weiter vor allem an seinen Überlegungen zur Rationalisierung der Stadtentwicklung. Mit Freunden, die sich zum Teil schon seit 1926 im »Berliner City-Ausschuss« trafen, der von dem Berliner Verein der Kaufleute und Industriellen und dem Deutschen Werkbund gegründet worden war, konnte er noch zuweilen seine Vorstellungen erörtern.

Spiritus rector dieses Kreises war der Deutsch-Schweizer Martin Mächler, der ähnlich wie Wagner die Stadtplaner weniger als Bautechniker, sondern als Politiker, insbesondere in einer Groß- und Weltstadt wie Berlin, schätzte. Mächler war Chefredakteur der »Deutschen Bauzeitung« und durch seine Schweizer Staatsbürgerschaft zunächst (bis

1935) geschützt. Er bot Wagner eine geringe Verdienstmöglichkeit an, indem er ihm unter dem Namen seiner Frau (Sandow) im März 1934 in der »Deutschen Bauzeitung« die Veröffentlichung seiner Vision einer Großstadt unter dem Titel »Die Sanierung der Berliner City« ermöglichte. Der Beitrag hat den Charakter eines Testaments, einer Zusammenschau seiner Berliner Gedanken und Erfahrungen.

Es ging ihm darum, einer Entwicklung gegenzusteuern, die ihn schon seit der USA-Reise mit Reuter 1929 bewegte. Ähnlich wie in New York, führte auch in Berlin der Wegzug der Kaufkräftigen aus der Stadtmitte (in den Westen der Stadt) zur sichtbaren »Verslumung« der City. Dem könne aber in zweierlei Weise entgegengewirkt werden. Zum einen dadurch, dass diejenigen, die in der City arbeiteten, sei es in Kaufhäusern, sei es in Verwaltungen, dort auch eine dem jeweiligen Einkommen angemessene Wohnmöglichkeit vorfinden sollten, damit sie die Büros zu Fuß erreichen könnten. Nur zu diesem Zweck sei es auch vertretbar, »Hochhäuser« zu bauen. 1928 hatte er bereits mit Felix Unglaube eine solche Bürohaus-Umrandung für den Alexanderplatz skizziert. Zum zweiten sollte das Straßennetz, das, so Wagner, »für eine fußläufige Bevölkerung von 60.000 bis 100.000 Einwohnern genügend, ja üppig war, für eine Bevölkerung von 4 Millionen Köpfen (aber) völlig ungenügend sei«, neugestaltet werden. Aber er lehnte die übliche Denkweise ab, die Straßen zu erweitern »und daraus Rennbahnen zu machen«, nur damit mehr Verkehr fließen könne. »Die Parole kann nicht lauten, den Verkehr und die Verkehrsmittel zu steigern, sondern Verkehr überflüssig zu machen und die vorhandenen Verkehrsmittel besser zu nutzen.«

Mit diesem Ziel schlug er die Ausschreibung eines Wettbewerbs unter Fachleuten vor. Aus deren Vorschlägen sei ein Plan zu entwickeln und umzusetzen. Für die Umsetzung griff er seine seit Beginn der 1920er-Jahre mehrfach vorgetragene Vorstellung erneut auf, die Verantwortung dafür in einem Amt und einer Person zu konzentrieren, die er einen »kommunalpolitisch Bevollmächtigten« oder »Staatskommissar« nannte.

Die Zahl derer, die sich mit ihm treffen wollten, nahm kontinuierlich ab, sei es, dass sie sich nicht mehr trauten, gemeinsam gesehen zu werden, sei es, dass sie bereits ins Ausland hatten entkommen können. So war es eine Erlösung, als Hans Poelzig Ende 1934 von einer Vortragsreise in der Türkei zurückkehrte mit der Mitteilung, es gebe dort für Wagner eine angemessene Betätigungsmöglichkeit.

Exil in der Türkei und den USA

Nachdem das osmanische Reich jahrhundertelang als Bedrohung der westeuropäischen Kultur empfunden worden war, erwies sich sein Nachfolger, die Republik Türkei für einige Hundert Deutsche als Rettungsinsel am Rande des faschistischer werdenden Europas: Deutschland, Italien, Spanien, Portugal, Ungarn, Rumänien, um nur die Wichtigsten zu nennen, waren keine Demokratien mehr.

Das osmanische Reich hatte als Verbündeter der Mittelmächte den Ersten Weltkrieg verloren. Die Sieger, vor allem Frankreich und England, machten sich an seine Zerschlagung. Großzügig nahmen sie sich einige Gebiete selbst und teilten – was übrig blieb – im Friedensvertrag von Sèvres 1920 unter einer Rest-Türkei, Griechenland und Italien auf. Auch den Armeniern sowie den Kurden versprachen sie einen je eigenen Staat. Grund für einen neuen Krieg. Im Vertrag von Lausanne 1923 wurden diese Versprechungen nicht wiederholt. Die Türkei erhielt ihre heutige Gestalt.

Atatürk setzte im Land tiefgreifende Reformen durch, zu denen an hervorragender Stelle die Einführung der lateinischen Schrift und ein Bildungssystem gehörten, an dem Jungen und Mädchen gleichberechtigt teilnehmen konnten. Die für den Aufbau neuer Universitäten und Industrien notwendigen Wissenschaftler und Fachkräfte ließ er unter anderem mithilfe einer Schweizer Agentur in den westeuropäischen Staaten anwerben.

Zwei Ereignisse beförderten die erfolgreiche Anwerbung. Zum einen die Weltwirtschaftskrise 1929, zum anderen der Sieg des Nationalsozialismus und die darauf folgende Massenentlassung von Wissenschaftlern und Fachbeamten. Die Türkei konnte an gute Beziehungen zum Deutschen Reich aus früheren Jahrzehnten anknüpfen, denn man war ja im Ersten Weltkrieg verbündet gewesen, und die deutschen Militärs hatten sich als fachkundige Berater beim Völkermord an den Armeniern 1915 zur Verfügung gestellt. Schließlich sollte der Bau der Bagdad-Bahn zu den Ölfeldern im Irak gesichert werden. Nach dem Muster der Ermordung der Herero und Nama in den Jahren 1904 bis 1908 in Deutsch-Südwest, heute Namibia, hatte man die Armenier aus ihren Dörfern in die Wüsten Südanatoliens getrieben und an einer Rückkehr gehindert, sodass sie zu Hunderttausenden verhungerten und verdursteten.

Nun trugen die deutschen Verfolgten des Nationalsozialismus zum Aufbau des neuen Staates bei. Nach 1933 gewährte Atatürk etwa 1.000 deutschen Wissenschaftlern und anderen Fachleuten Asyl und angemessene Beschäftigung. So unbekannt waren deutsche Wissenschaftler im osmanischen Reich nicht. Sie standen dort schon seit der zweiten Hälfte des 19. Jahrhunderts in so hohem Ansehen, dass die jetzige Tätigkeit als eine Form der Entwicklungshilfe angesehen wurde. Auch das NS-Regime versuchte, den Eindruck aufrechtzuerhalten, dass die Berufung dieser Wissenschaftler in deutschem Interesse sei. Die deutschen Botschafter Frederic von Rosenberg (bis 1935) und Friedrich von Keller (bis 1938) verlängerten denn auch weitgehend problemlos die Pässe der Emigranten. Zwar verloren qua Reichsgesetz schon ab 1933 Exilanten die deutsche Staatsbürgerschaft. Doch betrieb die deutsche Botschaft in Ankara die Ausbürgerung nur zögerlich. Als der ehemalige Reichsvizekanzler Franz von Papen 1938 Botschafter in Ankara wurde und die Passverlängerung weniger kulant handhabte, weigerte sich die türkische Regierung, die staatenlos Gemachten auszuweisen, sondern stempelte in die ungültigen Reisepässe das Wort »haymatloz« und schuf damit eine ganz eigene Quasi-Staatsbürgerschaft, durch die die ehemals deutschen Staatsbürger sogar einen besonderen Schutz genossen.

Martin Wagner war ab Frühjahr 1935 Berater der Regierung, zuletzt als Leiter des gesamten Städtebaus in der Türkei. Im Oktober 1935 gelang seiner Frau, seinem Sohn Bernhard und der jüngeren Tochter Sabine die Ausreise in die Türkei.

Die Tätigkeit befriedigte ihn aber nicht, da er faktisch »Alleinkämpfer« war, mit einem nur gering ausgestatteten Büro und wenigen Fachkräften. Seine Stellung war aber einflussreich genug, um im Sommer 1936 Bruno Taut nach Istanbul holen zu können. Nach drei Jahren, am 10. Dezember 1937 verließ Wagner Ankara. Walter Gropius hatte sich dafür eingesetzt, dass er als Professor für Städtebau an die Harvard-Universität berufen wurde. 1944 erhielt er die amerikanische Staatsbürgerschaft, 1945 wurde er zum Mitglied der American Academy of Arts and Sciences gewählt. 1950 erreicht er die Altersgrenze und beendete seine Lehrtätigkeit.

Rückkehr nach Berlin?

Wagner war durchaus an einer Rückkehr nach Deutschland interessiert. Doch mithilfe der Bundestagsmehrheiten ab 1949 hatten sich die »alten Kämpfer« wieder in ihren Beamtenstellungen festsetzen können. Die 1945 von den Besatzungsmächten in öffentliche Funktionen eingesetzten Nazigegner waren mittlerweile weitgehend wieder rausgedrängt und durch »erfahrene Fachleute« aus der Zeit von vor 1945 ersetzt worden. An aus dem Exil heimkehrenden Nazi-Gegnern war man nicht interessiert. Sie würden nur den Arbeitsmarkt belasten und böses Blut schaffen. Selbst der 1949 gewählte Bundespräsident Theodor Heuss (FDP), den Martin Wagner schon seit Schöneberger Zeiten und aus dem Werkbund kannte und der im März 1933 als Reichstagsabgeordneter der Deutschen Staatspartei, dem Nachfolger der DDP, dem »Ermächtigungsgesetz« zugestimmt hat, erteilte ihm recht unverhüllt eine Absage.

Man wollte nichts mehr von ihm wissen, vor allem nicht in Berlin. Beispielhaft für die damalige Haltung gegenüber Exilanten war, dass sich Hans Scharoun, der nach dem Ende seiner kurzen Amtszeit als Stadtbaurat seit 1947 Professor an der TU Berlin war, vergeblich bemühte, Wagner die Ehrendoktorwürde verleihen zu lassen. Solche Ehrungen verlangten stets die Zustimmung der Professoren der Fakultät. An deutschen Universitäten lehrten nach 1945 noch mehr als 60 Prozent jener Dozenten, die nach 1933 berufen worden waren. Und die anderen waren zumeist nicht als Widerständler aufgefallen. Da war für Rückkehrer keine Chance, wenn nicht ein paar Regierungschefs massiv eingegriffen hätten. Auch wenn sie Ausnahmen blieben: Ernst Reuter gelang es 1952, den Juristen Ernst Eduard Hirsch aus Ankara an die FU zu holen, oder Georg-August Zinn, Hessens Ministerpräsident, Wolfgang Abendroth, ehemaliges Mitglied der KPD (O), gegen den Widerstand vor allem der Juristischen Fakultät als Politikprofessor in der Philosophischen Fakultät in Marburg durchzusetzen.

Selbstverständlich wurden andere Ablehnungsgründe gegen eine Rückkehr Wagners vorgetragen. So hieß es etwa, Wagner wolle Berlin plattmachen und in der Lüneburger Heide als Ansammlung von Dörfern wiederaufbauen. Tatsächlich stieß er sowohl mit seinen Vorstellungen über »billige Wohnungen für die Massen« als auch mit den Perspektiven für wachsende Städte und den damit verbundenen Zukunftsplanungen auf den Widerstand jener, die nur an »Wiederaufbau« ohne Neuplanung dachten. Scharoun war schon 1946 mit seinen Vorstellungen zu Neugestaltung Berlins im Westen gescheitert. In Ost-

Berlin galten seine Ideen noch lange Zeit als richtungsweisend. Denn jede Neuplanung schloss notwendig die Verfügung über Grund und Boden ein und stieß damit im Westen auf massiven Widerstand.

Nach seiner Emeritierung besuchte Wagner Deutschland erstmals 1952 anlässlich eines Wettbewerbs zum Bau von Bergarbeitersiedlungen, an dem er als Juror mitwirkte. Das nach wie vor weitgehend in Trümmern liegende Ruhrgebiet sowie andere Großstädte regten ihn – wie zuvor schon Scharoun – dazu an, in der Stadtplanung nicht vornehmlich über Wiederaufbau, sondern über einen Neubeginn nachzudenken, anknüpfend an seine Konzepte der funktionsgerechten und veränderbaren Stadt. Doch für solche Visionen waren selbst seine ehemaligen Freunde nicht zu gewinnen. Für sie heiß es nur »Wiederaufbau« und Anknüpfen an Hergebrachtes. Wagner fand drastische Worte: »Mir wird wirklich übel, wenn ich meine Kollegen vom Städtebau nur in der Realität ihrer Trümmer und Parzellen herumkriechen sehe – und mit der Nase im Dreck des Tages«, schrieb er am 24. November 1953 in einem Brief an Hugo Häring, mit dem er schon seit dem Bau der Siedlung Siemensstadt Ende der 1920er-Jahre befreundet war. Le Corbusier, den beide nicht besonders mochten, nannte er einen »Samtjackenkünstler« und den »elegantesten Seiltänzer unseres Faches«. Die Wohnungsbauten in den 1950er-Jahren seien »kleiner, teurer und qualitativ geringwertiger als die der 20er Jahre.«

Endgültig verscherzte er es sich mit seinen ehemaligen Landsleuten durch seine Kritik an der Internationalen Bauausstellung in Berlin-Tiergarten 1957. Als Ost-Berlin die Stalinallee Anfang der 1950er-Jahre mit »kommunistischen« Prachtbauten versah, wollte man 1953 in West-Berlin eine westliche Alternative präsentierten mit einer Bauausstellung, »die«, so der Regierende Bürgermeister Otto Suhr bei der Eröffnung am 6. Juli 1957, »intensiv nach dem Osten ausstrahlen und die Leistungen der westlichen Welt beweisen werde«. Das Ergebnis entsprach durchaus nicht Wagners Vorstellungen von sozialpolitisch verantwortungsbewusstem Städtebau. Er, dem es sein Leben lang um menschenwürdige Wohnungen für die Massen ging, stellte angesichts des Aufwands für die Interbau die Frage: »Müsste eine Bauausstellung den Berlinern, den Deutschen und dem Ausland nicht zeigen, wie man um 100 Prozent billiger und besser anstatt um 200 Prozent teurer und schlechter bauen kann?« Von einem Verteidiger des damaligen Bausenators erhielt er die Antwort: »Gutes Bauen kostet gutes Geld«. Das neue Hansaviertel sollte das westliche Gegenstück zu den Wohnungen und Geschäften an der Stalinallee sein. Tatsächlich aber gaukelte es den Berliner Wohnungssuchenden vor, die Mehrheit könnte schon bald so wohnen. Wagner, der ohnehin Architekten skeptisch gegenüber gesinnt war, weil er vermutete, sie würden weniger an die späteren Bewohner denken als vielmehr daran, sich ein Denkmal zu setzen, sah dies bei der Interbau exakt eingetreten: ein Wettbewerb der Eitelkeiten. Denn mit den einzelnen Hochhäusern profilierten sich einzelne Architekten.

Seine Kritik an der Interbau fasste er in der Kurzformel zusammen: »Potemkin in Westberlin«. Seine kleine Schrift unter diesem Titel ließ er mit einem kurzen Blick in die Zukunft und einer makabren Ablehnung von – viel zu teuren – Hochhäusern beginnen:

> »Im Jahre 3000 fragt der Kaiser von Manhattan seine Archäologen, warum denn seine Vorfahren in New York so hohe Häuser bauten. Antwort: Majestät, sie wollten sich das Leben nehmen und sicher sein, dass ihr Kopf sehr hart aufs Pflaster schlage. Und warum wollten sie sich das Leben nehmen? Sie konnten sich den Händen des Gerichtsvollziehers nicht entziehen.«

Im Begriff, die Auseinandersetzung mit seinen Gegnern an Ort und Stelle führen zu wollen und mit dem Ticket für Berlin schon in der Tasche, ging sein »kämpferisches Dasein«, so Walter Gropius, am 28. Mai 1957 zu Ende.

Dass ihm in Berlin keiner eine Träne nachgeweint hat, ja, seiner nicht einmal in einem Nachruf gedacht wurde, habe ich erwähnt. Doch es kam noch trauriger. Der damalige Bundespräsident Theodor Heuss meinte, ihm anlässlich der Eröffnung der Interbau 1957 noch ein paar Bemerkungen ins Grab nachrufen zu müssen: »Wir wollen uns in dieser Stunden nicht verstimmen lassen durch das ungerecht höhnende Wort eines Mannes, den leider eigene Verstimmtheit immer an der Entfaltung der in ihm angelegten starken Begabungen gehemmt hat«. Wagners Kritik muss wirklich treffend gewesen sein.

Nur der Feuilletonchef des »Münchener Merkur«, Walter Kiaulehn, fand Zeit und Platz für eine große Würdigung. Auch Ernst May, in den 1920ern Stadtbaurat in Frankfurt und Anfang der 1930er-Jahre Planer großer Städte in der Sowjetunion, hielt Wagners städtebauliche Schöpfungen nach wie vor für von »vorbildlicher Bedeutung«. Und an die kämpferische Natur Wagners erinnerte der Trierer Stadtbaurat und Freund aus den 1920ern Alfons Leitl, als er ihn in seinem Nachruf »einen tapferen Mann« nannte.

Immerhin: In Britz bekam der Stadtplaner einen Martin-Wagner-Ring. Mehr eine Pflichtbenennung. Bruno Taut ist beliebter. Nach ihm wurden außer einem Ring in Britz auch noch eine Straße in Grünau benannt. Für Gustav Böß blieb – nachdem sein Biograf Christian Engeli das Fehlen 1971 beklagt hatte – schließlich nur ein Sträßchen neben dem Roten Rathaus. Am Hinterausgang.

Postskriptum:
Der Senat von Berlin beschloss am 6. Juli 2021 den Vorschlag »Karl-Marx-Allee und Interbau 1957. Architektur und Städtebau der Nachkriegsmoderne« in das kommende Auswahlverfahren für die Welterbeliste einzubringen. Der Vorstoß war 2014 gescheitert, jedoch mit dem Recht auf – verbesserte – Wiedervorlage. Dazu hatte der »Tagesspiegel« am 25.09.2017 ganz im Sinne Wagners angemerkt: »Beide Projekte

waren zu speziell, zu teuer, auch politisch zu herausgehoben, um den Massenwohnungsbau nachhaltig zu formen.«

4 Das Problem bleibt – die Lösung auch

Mit Hans-Jochen Vogel auf den Spuren Tauts und Wagners

Das erste große gemeinsame Werk von Taut und Wagner, die Hufeisensiedlung, 1931 vom sowjetischen Kulturfunktionär Lunačarskij als »gebauter Sozialismus« gerühmt, wurde zusammen mit fünf weiteren Siedlungen des sozialen Wohnungsbaus in Berlin von der UNESCO 2008 in die Weltkulturerbe-Liste aufgenommen. Ein später Sieg des Sozialismus?

1920 hatte Martin Wagner vor der Sozialisierungskommission dafür plädiert, angesichts des enormen Bedarfs an Wohnungen Grund und Boden zu sozialisieren, das heißt in kommunales Eigentum zu überführen und ihn somit der privatkapitalistischen Verwertung zu entziehen. Sein Argument, in den folgenden Jahren immer wiederholt, Grund und Boden seien nicht vermehrbar und schon deshalb keine Waren für einen Markt, auf dem auf eine gesteigerte Nachfrage mit einem gesteigerten Angebot reagiert werden konnte.

100 Jahre später, 2019, fordert der ehemalige Münchener Oberbürgermeister und zeitweilige Bundesbauminister Hans-Jochen Vogel in einer kleinen Kampfschrift nahezu dasselbe: »Mehr Gerechtigkeit! Wir brauchen eine neue Bodenordnung – nur dann wird auch Wohnen wieder bezahlbar.« Kurz danach starb er. Es ist sein »Testament«.

Vogel war während seiner politischen Tätigkeit, einschließlich der als SPD-Vorsitzender (1987 bis 1991), nicht als »Linker« hervorgetreten. Die Situation auf dem Wohnungsmarkt regte ihn aber dazu an, sich das Grundgesetz noch einmal intensiv anzuschauen – vor allem jene Artikel, die im Laufe der 70 Jahre, die seit Verabschiedung des Grundgesetzes vergangen waren, und der 30 Jahre nach der Wiedervereinigung wenig Beachtung gefunden hatten: nämlich, dass Eigentum verpflichte, sein Gebrauch dem Allgemeinwohl zu dienen habe und dass Grund und Boden wegen seines besonderen Charakters aus dem Herrschaftsbereich des Marktes herauszulösen sei. Die Aufnahme der Artikel 14 und 15 ins Grundgesetz war 1949 die Conditio sine qua non der SPD für ihre Zustimmung zur neuen Verfassung gewesen.

Wagner und Taut waren weitsichtig genug, um in der Vergesellschaftung von Grund und Boden nur *einen* Faktor zur Realisierung des Rechts auf »eine gesunde Wohnung« (Artikel 155 Weimarer Reichsverfassung) zu sehen. Während dieser Punkt durch das Stinnes-Legien-Abkommen jedoch schon im November 1918 gegen sie entschieden worden war, hofften sie, die drei weiteren, für die Bestimmung der Baukosten bedeutsamen Faktoren gemeinsam mit den Gewerkschaften dem privaten Gewinnstreben entziehen zu können.

Diese Faktoren waren und sind:

die Bauplanung und das Bauen selbst,
die Baumittelbeschaffung,
die Wohnungsverwaltung.

Für kurze Zeit, etwa zwischen 1920 und 1933, gelang dies, partiell. Bereits 1919 entstanden die ersten »sozialen Baubetriebe«, auch Bauhütten genannt, die nicht auf Profitstreben ausgerichtet waren und sich 1920 in Verband sozialer Baubetriebe (VSB) zusammenschlossen mit Martin Wagner als treibender Kraft. Mit der Gründung der GEHAG

1924 entstand eine Wohnungsbaugesellschaft, die auch Großprojekte durchführen konnte. Die GEHAG verpflichtete Bruno Taut gegen ein festes Honorar zur Bearbeitung »aller im Jahr anfallenden Projekte«.

Ebenfalls 1924 wurde die Wohnungsfürsorgegesellschaft GSW in Berlin als städtische GmbH gegründet, die vor allem die Bereitstellung der Neubauförderungsmittel aus der Hauszinssteuer sicherte und später auch die Baustoffbeschaffung übernahm.

Die Deutsche Wohnungsfürsorge-Aktiengesellschaft (DEWOG), ebenfalls 1924 von den freien Gewerkschaften ADGB, AfA und DBB gegründet und »Mutter« der GEHAG, übernahm für die gewerkschaftseigenen Einrichtungen die Finanzierung und die Baumaterialbeschaffung. Zudem finanzierte sie Forschungen zum Bauwesen. Ihr Ziel war es, Wohnungen zu Mieten bereitzustellen, die zwischen 17 Prozent und höchstens 25 Prozent des Einkommens der Mietparteien betrugen. Das gelang, solange die Finanzierung des gesamten Baugeschehens sich am Allgemeinwohl und der Gemeinnützigkeit orientierte, der Baugrund von der Kommune bereitgestellt und seitens der Stadt die Kreditzinsen niedrig gehalten wurden.

Als das Wachstum der Weltstadt Berlin rapide zunahm und der Wohnungsbau im Innenraum von Groß-Berlin auch auf enteignete Grundstücke angewiesen war, wurde die sozialpolitische Konsequenz der »angemessenen Entschädigung« (Artikel 153 Weimarer Reichsverfassung) deutlich: Sozialer Wohnungsbau – sollte er eine lebbare Alternative zu den noch in den 1920er-Jahren vorherrschenden Mietskasernen mit im Durchschnitt sieben Personen in einem Raum und lichtlosen Hinterhöfen werden – musste sich sowohl in der Größe der Wohneinheiten als auch der Wohnumgebung grundlegend von früheren Formen unterscheiden.

Schon in seiner Dissertation »Das sanitäre Grün der Städte« hatte Wagner deutlich gemacht, dass ihn nicht nur der Mietpreis interessierte. Ihm ging es ebenso um »Licht und Luft« im Siedlungsbau. Auch

Restaurant »Zum Hufeisen«, mit Gartenterrasse und Treppe zur Festwiese.

der ansonsten mit Wagner weniger einverstandene Oberbürgermeister Gustav Böß hatte sich nachdrücklich für den Bau von mehr als 50 siedlungsnahen Sportplätzen eingesetzt. Ebenso wird der heftig geführte Streit um die Geschosshöhe - zwei-, drei oder gar vierstöckig - verständlich, wenn man ihn vor dem Hintergrund der Höhe der Mietskasernen, dem aus Profitgründen geringen Abstand zwischen ihnen und der dadurch bedingten Schattenbildung bewertet.

Ein Jahrzehnt lang konnten Taut und Wagner hoffen, dass nur der tatsächlich bebaute Grund und Boden als Baugrundstück zu entschädigen wäre. Doch 1930 entschied das Reichsgericht, dass auch der für Straßen und Plätze, Spiel- und Sportplätze sowie Stadtparks benötigte

Grund und Boden im Falle der Enteignung nach dem preußischen Fluchtliniengesetz aus dem Jahre 1875 dem Eigentümer wie Baugelände entschädigt werden müsse. Auch wenn die Grundstückskosten noch nicht wie heute zwischen 40 und 60 Prozent der Baukosten insgesamt betrugen, war Tauts und Wagners Konzept der niedrigen und dennoch kostendeckenden Mieten nicht mehr realisierbar.

In den 1920er-Jahren galten die USA vielen als Vorbild in nahezu allen Lebensbereichen. Für Berliner Politiker wurden das Land, vor allem aber die Städte New York, Chicago und Los Angeles zu Wallfahrtsstätten. Wagner war gleich zwei Mal dort (1924 und 1929). Der Bau von Hochhäusern, gar Wolkenkratzern hatte ihn, soweit es um den Siedlungsbau ging, nicht überzeugt. Doch auch die in der Sowjetunion seit Lenins Tod entstehenden stalinistischen Wohngiganten wie das Studentenwohnheim für 2.000 Studierende, das Taut 1932 in Moskau präsentiert wurde, konnten ihn und Wagner nicht zur Nachahmung animieren. Sozialer Wohnungsbau hieß für sie, die Entfaltung der Einzelnen in der Gemeinschaft zu ermöglichen, nicht die Massen gleichzuschalten.

Nach dem Zweiten Weltkrieg wurde lediglich »wiederaufgebaut«, anstatt gesunden und bezahlbaren Wohnraum zu schaffen. Wohnhochhäuser galten, eben wegen des geringeren Bedarfs an Baugrundstücken, als das Non-Plus-Ultra des Städtebaus, realisiert zum Beispiel in der von der Chemie-Industrie dominierten Stadt Marl. Da der Zugang zu den Wohnungen nur mithilfe von Aufzügen vertretbar war, es aber zu verhindern galt, dass die zahlreichen Kleinkinder der jungen Familien in diesen ihr Fahrvergnügen suchten, wurden die Bedienungsknöpfe so hoch angesetzt, dass sie für Kinder nicht erreichbar waren, auch wenn sie mal dringend »mussten«. Entsprechend feucht war es in vielen Aufzügen.

1945 schien in Deutschland eine Chance für den Aufbau einer sozialen Demokratie gegeben zu sein, in der Fehler oder Versäumnisse der

Weimarer Demokratie vermieden werden könnten. Erneut spielte die Sozialisierung/Vergesellschaftung von Schlüsselindustrien ebenso wie die von Grund und Boden für Zwecke des Allgemeinwohls bei der Diskussion um die gesellschaftliche Neuordnung für die Verfassungsgeber in Ost und West eine bedeutende Rolle. Letztlich entschieden allerdings weniger innerdeutsche politische Gruppierungen, sondern die Besatzungsmächte. Im Osten für, in Westen – nach kurzem Zögern etwa in Hessen – gegen Sozialisierungsvorstellungen. Während das Grundgesetz Enteignungen im Dienste des Allgemeinwohls gegen »angemessene Entschädigung« ermöglicht, begrenzte die DDR-Verfassung von 1949 den »privaten Großgrundbesitz« von vornherein auf 100 Hektar. Eine weitergehende Enteignung war auch hier gegen »angemessene Entschädigung« möglich, allerdings nur, »soweit ein Gesetz nichts anderes bestimmt« (Artikel 23).

Das Wissen um das Problem der Grundstückskosten bei der Schaffung von gesundem Wohnraum belastete die Bundesregierungen jedoch nicht. Der »Sozialisierungsartikel« war allen bürgerlichen Koalitionspartnern der SPD ein Gräuel. Im Bundesrat und Bundestag gab es für seine Anwendung zu keinem Zeitpunkt eine Mehrheit. Zudem gibt es keinen Verfassungsauftrag: Im Unterschied zur Weimarer Verfassung und der Verfassung der DDR kennt das Grundgesetz kein (Bürger-)Recht auf Wohnraum. Eine Ausnahme gilt jedoch in Bezug auf die Sicherung des Existenzminimums bei Hilfsbedürftigkeit. Nach der Rechtsprechung des Bundesverfassungsgerichts folgt aus dem Sozialstaatsprinzip in Verbindung mit der Menschenwürde aus Artikel 1 Absatz 1 Grundgesetz das Grundrecht auf Gewährleistung eines menschenwürdigen Existenzminimums. Dieses Grundrecht umfasst unter anderem einen Anspruch auf Unterkunft.

Ganz anders in den Bundesländern: Nahezu alle Landesverfassungen enthalten eine Aufforderung, angemessenen Wohnraum bereitzustellen. Der soziale Wohnungsbau war daher in den Aufbaujahren der

Bundesrepublik stets ein Wahlkampfthema, zumal der Bund sehr bald größere Mittel für diesen Zweck den Ländern zur Verfügung stellte. Zu der ersten unter dieser politischen Zielsetzung geförderten Siedlung gehörte die 1950 in Neumünster gebaute und nach dem Vorsitzenden des DGB, der auch den Grundstein gelegt hatte, benannte »Böcklersiedlung«. 1965 wurde mit dem Gesetz zur Änderung des Gesetzes über Wohnbeihilfen, das später und nach zahlreichen Novellierungen in »Wohngeldgesetz« umbenannt wurde, erstmals eine Aufstellung des Anteils der Mieten am Einkommen der Mietparteien in Gesetzesform gegossen (§ 10). Danach galten je nach Einkommen und Personenzahl der Mietpartei zwischen 5 Prozent und 22 Prozent des Einkommens als Miete zumutbar.

Zurück zu den Bodenpreisen: Sie hatten an den Kosten des Wohnungsbaus beispielsweise in München nach Hans-Jochen Vogel 1961 einen Anteil von 8 Prozent und 1970 einen von 16 Prozent. Zwar ärgerlich aber noch kein ernsthafter Grund, über Bodenenteignungen nachzudenken. Anders 2018: Für dieses Jahr verteilten sich die Anteile auf den Wohnungsbau im München zu 79 Prozent auf den Grundstückserwerb und zu 21 Prozent auf die Baukosten im engeren Sinne. Und nicht, weil das Bauen so viel preiswerter geworden wäre.

Es ist also die Zeit gekommen, sich über die Entstehung dieser Kostenexplosion Gedanken zu machen und nach Abhilfe zu suchen. Den Weg zur Findung der »angemessenen Entschädigung« hat das Bundesverfassungsgericht schon am 12. Januar 1967 gewiesen – mit Bezug auf Artikel 14, Absatz 2 des Grundgesetzes (»Eigentum verpflichtet. Sein Gebrauch soll zugleich dem Wohl der Allgemeinheit dienen«):

»Die Tatsache, dass der Grund und Boden unvermehrbar und unentbehrlich ist, verbietet es, seine Nutzung dem unübersehbaren Spiel der freien Kräfte und dem Belieben des Einzelnen vollständig zu überlassen. Eine gerechte Rechts- und Gesellschaftsordnung zwingt vielmehr dazu, die Interessen der Gesellschaft beim Boden in weit stärkerem Maße zur Geltung zu bringen als bei anderen Vermögensgütern.«

Dass das nicht eine von der »68er-Stimmung« bestimmte Aussage war, zeigt die von Hans-Jochen Vogel zitierte weitere Gerichtsentscheidung aus dem Jahr 2001:

> »Das verfassungsrechtliche Postulat einer am Gemeinwohl orientierten Nutzung des Privateigentums umfasst das Gebot der Rücksichtnahme auf die Belange derjenigen Mitbürger, die auf die Nutzung des Eigentumsgegenstandes angewiesen sind. Das Maß und der Umfang der dem Eigentümer von Verfassung wegen zugemuteten und vom Gesetzgeber zu realisierenden Bindung hängt hiernach zunächst davon ab, ob und in welchem Ausmaß das Eigentumsobjekt in einem sozialen Bezug und einer sozialen Funktion steht.«

Hans-Jochen Vogel kommt daraus folgernd zum gleichen Ergebnis wie Taut und Wagner 100 Jahre zuvor:

> »Zu meinem Kernziel gehört, dass das Eigentum an Grund und Boden in dem erforderlichen Umfang auf die Gemeinden übergeht.«

Das forderten vor 100 Jahren schon Martin Wagner und Bruno Taut. Aber als sie feststellten, dass dies nicht oder doch nicht so schnell realisierbar war, fingen sie erst so richtig an: zu planen, zu bauen, Genossenschaften zu gründen, zweckgebundene Steuern zu fordern, zu rechnen, politisch zu kämpfen. Trotz Inflation und drückende Reparationslasten, gegen Zeitungskonzerne und politische Gauner, gegen korrupte Politiker und beleidigte Zehlendorfer. Unterstützt wurden sie von engagierten Gewerkschaftern und unkonventionellen Sozialdemokraten, einer Bank, die nicht von »Bankern« gemacht wurde, einer Versicherung, die die Volksfürsorge nicht nur im Namen trug.

Martin Wagner hatte sie und noch einige mehr zusammengebracht, um eine am Gemeinwohl orientierte Bauwirtschaft zu gründen, zunächst als Gegengewicht zu privatkapitalistischen »Terraingesellschaften«, Baukonzernen und Immobilienhaien, in naher Zukunft an deren Stelle, als Kern eines demokratischen Sozialismus.

Manches gelang ihm, vieles nicht. Angesichts der Freude über die restaurierten Großsiedlungen in Berlin bleibt zu hoffen, dass ein neuer »sozialistischer Manager« und ein neuer visionärer Architekt einen neuen Versuch starten, menschenwürdigen und sozialen Wohnungsbau zu schaffen.

Dank

Von dem Gedanken, mich der Würdigung der Architekten und Stadtplaner Taut und Wagner über die Beschäftigung mit ihren gesellschaftspolitischen Vorstellungen zu nähern, überzeugte mich Richard Röhrbein (1935 bis 2018). Röhrbein war nach der Wende von 1990 bis 2000 Stadtbaudirektor in Potsdam. Ihm ist es zu verdanken, wenn sich die Stadt Potsdam wie fast keine andere in Ostdeutschland in jeder Hinsicht positiv entwickelt hat. Er hat seine Spuren bei der Verwirklichung der in der Summe mehrere Milliarden umfassenden großen Bauinvestitionen hinterlassen, die sich heute als gelungene, sozial und ökologisch ausgewogene Stadtplanung mit guter Architektur sehen lassen können. Nach seiner Pensionierung nahm er sich insbesondere der Förderung der Erinnerung an Bruno Taut an. Die Aufstellung einer Gedenktafel für Taut in der Zehlendorfer Waldsiedlung ist seiner Initiative und der des Architekturhistorikers Julius Posener zu verdanken. Die Kapitel 2 und 3 sind geringfügig überarbeitete Vorträge, die ich auf Einladung der von Röhrbein mitinitiierten »Taut-Galerie« in den letzten Jahren halten durfte beziehungsweise ohne Corona gehalten hätte. Den Verantwortlichen gilt mein besonderer Dank. Weder Bücher noch Vorträge schreiben sich von allein. Deshalb gilt mein besonderer Dank meiner Frau Annegret, ohne deren Unterstützung ich diese Arbeit nicht hätte vollenden können.

Über den Autor

Christoph Ehmann, Prof. Dr. (geb. 1943), Politologe, Bildungsforscher und Staatssekretär i. R. Er lebt heute in Berlin.

Literatur

Akademie der Künste (Hg.): Bruno Taut 1880–1938, Akademie Katalog 128, Berlin 1980.

Akademie der Künste (Hg.): Arbeitsrat für Kunst 1918–1921, Akademie Katalog 129, Berlin 1980.

Akademie der Künste (Hg.): Martin Wagner 1885–1957. Wohnungsbau und Weltstadtplanung. Die Rationalisierung des Glücks, Akademie-Katalog 146, Berlin 1985.

Aktives Museum (Hg.): Haymatloz. Exil in der Türkei 1933–1945. Schriftenreihe des Vereins Aktives Museum Band 8, Berlin 2000.

Architekten- und Ingenieurverein zu Berlin-Brandenburg e. V.; Bodenschatz, Harald / Goebel, Benedikt / Gräwe, Christiane (Hg.): Unvollendete Metropole. Band 1: 100 Jahre Städtebau für Groß-Berlin, Berlin 2020.

Bisky, Jens: Berlin – Biographie einer großen Stadt, Berlin 2019.

Böß, Gustav (unter Mitarbeit von Willy Müller-Wieland): Berlin von heute. Stadtverwaltung und Wirtschaft, Berlin 1929.

Brenne, Winfried: Bruno Taut. Meister des farbigen Bauens in Berlin. Braun Publishing AG, 3. Auflage, Berlin 2013.

Droste, Magdalena: Bauhaus 1919–1933, Köln 2019.

Ellinger, August: Bauhüttenbewegung und Gewerkschaften. Vortrag auf dem Zweiten ordentlichen Bundestag des Deutschen Baugewerkbundes in Dresden 1927, Berlin 1928.

Engeli, Christian: Gustav Böß. Oberbürgermeister von Berlin 1921 bis 1930, Stuttgart 1971.

Hegemann, Werner: 1930. Das steinerne Berlin. Geschichte der größten Mietskasernenstadt der Welt, 3. unveränderte Auflage, Braunschweig 1979.

Hörner, Unda: Die Architekten Bruno und Max Taut. Zwei Brüder – zwei Lebenswege, Berlin 2012.

Hofmann, Tessa (Hg.): Der Völkermord an den Armeniern vor Gericht. Der Prozess Talaat Pascha, Göttingen 1980.

Holm, Andrej: Sozialisierung des Wohnungsbaus in den 1920er Jahren, in: Mieterecho Nr. 411, September 2020, S. 8-9.

Hüter, Karl-Heinz: Architektur in Berlin 1900–1933. Dresden 1987.

Huse, Norbert (Hg.): Siedlungen der 20er Jahre – heute. Vier Berliner Großsiedlungen 1924–1984, Berlin 1984.

Lehnert, Detlef: Kommunale Politik, Parteiensystem und Interessenkonflikte in Berlin und Wien 1919–1932, Berlin 1991.

Nerdinger, Winfried u. a. (Hg.): Bruno Taut. Architekt zwischen Tradition und Avantgarde, Stuttgart 2001.

Neue Gesellschaft für Bildende Kunst (Hg.): Wem gehört die Welt – Kunst und Gesellschaft in der Weimarer Republik, Berlin 1977.

Ossietzky, Carl von: Der geschundene Bärz, in: Weltbühne Nr. 42 vom 15. Oktober 1929.

Peters, Karl-Heinz: Von der Gemeinnützigkeit zum Profit. Privatisierungsopfer Gehag – Herausforderung für alternative Wohnungspolitik, Hamburg 2016.

Posener, Julius: Bruno Taut. Eine Rede zu seinem fünfzigsten Todestag. Berlin 1989.

Rattay, Frank: Von der Villenkolonie zur Großsiedlung. Wohnen im Berliner Südwesten vor und nach der Bildung von Groß-Berlin 1920, in: Zehlendorfer Heimatbrief, Nr. 2, Oktober 2020, S. 4-7.

Sandow, Dr. Ing. M. (d. i. Martin Wagner): Die Sanierung der Berliner City, in: Deutsche Bauzeitung, März 1934.

Scarpa, Ludovica: Martin Wagner und Berlin. Architektur und Städtebau in der Weimarer Republik. Braunschweig/Wiesbaden 1986.

Schirren, Matthias: Bruno Taut. Alpine Architektur. Eine Utopie / A Utopia; Berlin/München/London/New York 2004.

Schmidt, Stephanie: Farbe für den Alltag, Süddeutsche Zeitung vom 20. Dezember 2013.

Steneberg, Eberhard: Arbeitsrat für Kunst 1918–1921, Düsseldorf 1987.

Taut, Bruno: Die Auflösung der Städte oder Die Erde eine gute Wohnung, Hagen 1920.

Taut, Bruno: Die neue Wohnung – Die Frau als Schöpferin, 2. Auflage Leipzig 1924.

Taut, Bruno: Frühlicht 1920–1922. Eine Folge für die Verwirklichung des neuen Baugedankens, Frankfurt/Berlin 1963.

Taut, Bruno: Die Stadtkrone, mit Beiträgen von Paul Scheerbart, Erich Baron, Adolf Behen, Berlin 2002.

Wagner, Bernard: Martin Wagner (1885–1957). Leben und Werk. Eine biographische Erzählung. Hamburg 1985.

Wagner, Martin: Das sanitäre Grün der Städte. Ein Beitrag zur Freiflächentheorie, Diss. Berlin 1915.

Wagner, Dr.-Ing Martin: Wohnungswirtschaft, in: Gewerkschafts-Zeitung. Organ des Allgemeinen Deutschen Gewerkschafts-Bundes Nr. 8 vom 21. Februar 1925, S. 105-106, Nr. 9 vom 28. Februar 1925.

Welzbacher, Christian: Monumente der Macht 1920–1960. Eine politische Architekturgeschichte Deutschlands, Berlin 2016.

Whyte, Iain Boyd: Bruno Taut und die sozialistischen und weniger sozialistischen Wurzeln des sozialen Wohnungsbaus, in: neue heimat. Monatshefte für neuzeitlichen Wohnungs- und Städtebau 5/80, S. 28-37.

Bildnachweis

S. 18	unbekannt
S. 36	Ben Buschfeld, Berlin
S. 49	Christoph Ehmann
S. 67	Christoph Ehmann
S. 102	Christoph Ehmann
S. 104	Christoph Ehmann
S. 55	unbekannt
S. 75	Akademie der Künste, Berlin, Martin-Wagner-Sammlung, 21 F.2. Fotograf unbekannt
S. 81	SPD / Archiv der sozialen Demokratie (AdsD)
S. 93	Ben Buschfeld, Berlin
S. 99	Landesarchiv Berlin, Nachlass Böß
S. 106	Landesarchiv Berlin, Nachlass Böß
S. 123	Neuköllner, Eigenes Werk, CC BY-SA 4.0, https://commons.wikimedia.org/w/index.php?curid=90766419